문화 예술의 강국
백제

초·중·고등학교 교과서 관련 단원

초등학교 사회과 탐구 5학년 1학기
  I 하나된 겨레
    3. 삼국의 성립과 발전

중학교 역사 〈상〉
  II 삼국의 성립과 발전
    2. 백제의 성립과 대외 진출
    4. 삼국의 사회와 문화 발전

고등학교 한국사
  II 삼국의 성립과 발전
    3. 삼국이 중앙집권 국가로 성장하다

문화 예술의 강국 **백제**

초판 1쇄 펴낸날 2015년 7월 27일

엮은이 | 어린이독서연구원
그린이 | 최승협
펴낸이 | 장승규
디자인 | 드림스타트

펴낸곳 | 도서출판 세용
등록 | 2003년 9월 17일 제 300-2003-3
주소 | 서울시 종로구 돈화문로 2길 14, 302호(장사동)
전화 | 02-352-6798 | 전송 02-352-6797
전자우편 | seyongbook@naver.com

ISBN 978-89-93196-42-9 73910

※책값은 뒤표지에 있습니다. ※파본은 바꾸어 드립니다.

교과서를 풀어 쓴 한국사

문화 예술의 강국
백제

엮은이 어린이독서연구원 | 그린이 최승협

세웅

머리말

　백제는 우리 민족이 세운 최초의 나라 고조선이 멸망한 후, 한반도 남서쪽에 자리를 잡은 나라입니다.

　비류와 온조는 고구려 건국에 절대적인 공헌을 한 소서노의 두 아들이었습니다. 따라서 막강한 권력을 가진 고구려 왕실 출신이었지요.

　하지만 고구려의 왕위 계승 서열은 주몽의 아들 유리 왕자가 첫 번째였습니다. 그래서 새로운 나라를 만들기로 한 비류와 온조는 부하들을 이끌고 한반도 중부 지방으로 내려오게 됩니다.

　비류는 오늘날의 인천 지방인 미추홀에, 온조는 하남 위례성에 둥지를 틀었지요. 하지만 미추홀로 갔던 비류 일행이 건국에 실패하면서 위례성으로 돌아왔고, 두 세력이 힘을 합해 백제를 건국했습니다.

　그 후 백제는 한강 유역을 통합하고, 뒤이어 한반도 남서부를 차지하고 있던 마한 전역을 흡수하는 등 세력을 키웠어요. 그 결과 북쪽의 고구려, 동쪽의 신라와 함께 한반도에 삼국 시대가 열리게 되었습니다.

　백제는 기원전 18년부터 서기 660년까지 31명의 왕이 대를 이어 나

라를 다스렸던 고대 왕국입니다.

　자연 환경이 좋았고, 북방 유이민 출신 단일체제 지배라는 장점이 합해져 백제는 문화·예술의 측면에서 비약적인 발전을 거듭했습니다. 따라서 백제는 그 당시 문화와 예술의 선진국으로 우뚝 서게 되었습니다.

　백제는 또한 바다 건너 일본에 결정적인 도움을 주었습니다. 백제의 가르침이 없었다면 고대 일본 문화는 형성조차 되지 못했을 정도였지요. 오늘날 일본 곳곳에 남아 있는 백제의 흔적들이 바로 그 증거랍니다.

　《문화 예술의 강국 백제》는 백제를 다스렸던 역대 임금들을 중심으로 678년간의 백제 역사를 고스란히 담고 있습니다. 이 책을 통해 어린이 여러분이 문화와 예술의 나라 백제에 대해 한 뼘 더 깊이 알게 되었으면 하는 바람을 가져봅니다.

| 차례 |

머리말 • 4

백제를 건국한 온조왕 • 8
마음 고생이 심했던 기루왕 • 18
전쟁과 재해를 겪은 구수왕 • 23
국력의 기초를 다진 고이왕 • 30
정통성이 모호한 비류왕 • 37
즉위 2년 만에 세상을 떠난 계왕 • 44
나라를 전성기로 이끈 근초고왕 • 46
정복 군주 근구수왕 • 57
불교를 공인한 침류왕 • 60
불운했던 진사왕 • 62
고구려에 참패한 아신왕 • 66
실권이 없었던 전지왕 • 73
무능력한 구이신왕 • 77

'나제 동맹' 과 비유왕 • 80

고구려의 포로가 된 개로왕 • 84

도읍을 옮긴 문주왕 • 100

나이 어린 삼근왕 • 104

백제를 재건한 동성왕 • 106

원대한 꿈을 가진 무령왕 • 114

국호를 남부여로 고친 성왕 • 120

귀족과 갈등이 많았던 위덕왕 • 130

종교로 마음을 다스린 법왕 • 138

선화 공주와 무왕 • 144

역사상 가장 불운했던 의자왕 • 156

슬픈 전설을 담고 있는 무영탑 • 166

백제를 건국한 온조왕

고구려를 떠난 형제

비류와 온조는 고구려의 시조 주몽의 아들들입니다. 원래 동부여에 살고 있던 주몽은 자신의 비범함을 시기한 동부여의 왕자들이 죽이려 하자 졸본부여로 도망쳤습니다. 여러 부족 연맹으로 이루어진 졸본부여 계루부의 족장 연타취발은 주몽의 비범함을 보고 자신의 딸 소서노를 주몽에게 시집 보냈습니다. 딸만 셋을 둔 연타취발로서는 주몽을 사위로 삼아 힘을 키워야겠다는 생각을 한 것입니다.

■ 초기 한반도는 다양한 소국들이 자리를 잡고 있었다.

　소서노는 원래 '우태'라는 사람과 결혼을 했던 몸이었지만, 우태가 일찍 죽는 바람에 친정으로 돌아와 지내고 있던 참이었습니다.
　소서노와 결혼한 주몽은 계루부의 힘을 키워 강한 부족으로 만들었습니다. 그런 다음 다른 부족들까지 합쳐 고구려를 세웠습니다. 그렇게 되기까지 온 힘을 다해 도와준 소서노에 대한 주몽의 사랑은 깊었습니다.
　동부여로부터 도망쳐 나올 때 아무것도 가진 게 없었던 주몽이 고구려라는 나라를 세울 수 있었던 것은, 아내 소서노와 계루부의 도움이 절대적이었던 것입니다.

그러던 어느 날, 주몽이 동부여에 있을 때 혼인한 부인 예씨에게서 낳은 아들 유리가 아버지를 찾아왔습니다. 유리는 주몽이 임신 중이었던 예씨 부인에게 주었던 칼 반쪽을 지니고 있었습니다.

유리가 주몽을 찾아오자 소서노와 두 아들 비류와 온조는 근심에 쌓였습니다. 주몽이 자신의 첫째 아들인 유리를 태자로 삼아 뒤를 잇게 하겠다고 말했기 때문이었습니다.

소서노는 두 아들을 불렀습니다.

"일이 이렇게 된 이상 우리가 이 나라에 계속 머물기는 힘들겠구나. 알다시피 유리는 폐하의 맏아들이다. 더욱이 첫째 부인의 아들이다. 이제 얼마 후면 예씨 부인도 이 나라로 올 것이다. 나는 동부여에서 도망쳐 나온 폐하를 도와 이 나라를 세우는 데 온 힘을 바쳤다. 그래서 너희 둘 중의 한 사람이 당연히 폐하의 뒤를 이을 것이라고 믿어 왔는데, 유리가 오는 바람에 앞으로의 일은 아무것도 알 수가 없구나."

비류와 온조는 유리에게 태자의 자리를 뺏긴 것이 분했지만, 살길을 염려하지 않을 수 없었습니다. 그래서 남쪽으로 떠나 힘을 모은 뒤 새로운 나라를 만들기로 결심하고, 어머니인 소서노에게 아뢰었습니다.

아들들이 떠나겠다는 결심을 말하자, 소서노도 따라가기로 결심했습니다. 그래서 주몽에게 자신들의 뜻을 전했습니다. 주몽은 서운했지만 왕위 문제로 형제간의 갈등이 일어날 것을 막고자 하는 소서노의 마음을 알고 있었으므로 승낙하지 않을 수 없었습니다.

"이렇게 떠나보내게 되니 마음이 몹시 아프구나. 부디 꼭 뜻을 이루기 바란다."

주몽은 떠나는 아들들의 손을 잡고 진심으로 그들의 앞날을 축복해 주었습니다.

며칠 후 비류와 온조는 그들의 어머니 소서노를 모시고 고구려를 떠났습니다. 온조는 자신이 살았던 고구려의 궁궐을 돌아보며 다시 한 번 이를 꽉 깨물었습니다.

'반드시 고구려보다 나은 나라를 만들고 말리라.'

비장한 각오와 함께 정처 없이 길을 떠난다는 사실에 서글픈 생각도 밀려왔지만, 자신들을 따르는 수많은 일행이 있어 비류와 온조는 더욱 씩씩하게 앞장섰습니다. 오간, 마려 등 뛰어난 신하 십여 명과 함께 많은 백성들이 뒤를 따랐으므로, 비류와 온조는 더욱 힘을 낼 수가 있었습니다.

남쪽을 향해 몇 달을 내려온 비류와 온조 일행이 마침내 도착한 곳은 북한산 근처였습니다. 근처를 돌아보던 온조는 기름진 땅이 많고 강도 넓으며 기후도 따뜻한 이 곳이 마음에 들었습니다.

"이 곳에 도읍을 정하고 나라를 세우는 것이 여러 모로 좋을 듯합니다. 한강을 끼고 있는 북쪽과 기름진 들판이 펼쳐 있는 남쪽에다 서쪽으로는 바다가 있으니 이 얼마나 좋은 곳입니까?"

그러나 비류는 나라를 크게 만들고 다른 나라와 거래를 하기 위해서는 바다와 가까워야 한다며, 서쪽 바닷가 쪽이 좋다고 말했습니다.

두 사람의 의견은 팽팽해서 어느 한쪽으로도 의견이 모아지지 않았습니다. 마침내 비류가 말했습니다.

"우리가 함께 있는 것만큼 좋은 일은 없겠지만, 생각이 서로 다르니 각자가 원하는 곳에서 자리를 잡도록 하는 게 좋겠다."

비류의 말에 온조는 형과 떨어진다는 게 서운했습니다. 그러나 무조건 반대할 수만 없어 눈물을 머금고 비류의 말에 동조했습니다.

그렇게 비류는 자신을 따르는 무리를 이끌고 서해안 쪽으로 떠나 나라를 세울 계획이었습니다. 서해안에는 소금을 비롯하여 많은 자원을 얻을 수 있기 때문에, 나라 발전에 큰 도움이 될 것이라고 여겼던 것입니다.

온조는 어머니 소서노와 함께 무리들을 이끌고 강을 건너 하남 위례성에 도읍을 정하고, 나라 이름을 십제라고 지었습니다. 북쪽으로는 한강이 흐르고 있는데다, 남쪽으로는 기름진 들판이 있고, 서쪽으로 나가면 바다가 있는 땅이었습니다.

형제가 서로 각자 나라를 세우고 얼마 지나지 않아, 비류는 자신이 선택한 곳이 습기가 많은데다 물이 짜 사람들이 농사짓고 살기엔 적합하지 않다는 것을 깨달았습니다.

비류는 끝없는 자책을 하다가 병을 얻어 죽고 말았습니다. 온조는 형인 비류가 죽자 그의 신하와 백성들을 받아들인 뒤, 나라 이름을 백제로 고쳐 왕위에 올랐습니다.

도읍을 옮기다

비류가 죽고 어머니 소서노도 61세로 세상을 떠나자, 온조왕의 슬픔은 이루 말할 수가 없었습니다. 게다가 낙랑과 말갈이 언제나 쳐들어올 틈을 노리고 있는 형편이었습니다. 온조왕은 나라의 기강을 다시 바로잡아야겠다는 생각에 도읍을 한성으로 옮겼습니다.

그리고 체제 정비에 온 관심과 노력을 기울여 왕권을 강화했습니다. 중앙에 최고 직책인 좌보와 우보를 두었고, 행정 단위도 남부와 북부에 이어 동부와 서부로 나누었습니다.

자신과 가까운 친척이나 신하를 고위직에 임명하고, 대대로 그 지방에서 큰 세력을 지녔던 집단이나 마한에서 살다가 백제의 신하가 된 사람을 적절하게 배치했습니다. 이런 노력의 결실로 초기 단계에는 고구려나 신라보다 왕권이 강화되었습니다.

그러나 여러 가지 재난과 수년째 이어진 가뭄으로 굶주려 죽는 백성들이 많았고, 도둑 떼까지 들끓기 시작했습니다. 그 결과 한강 동북 지방에 살던 백성들 1천여 명이 고구려로 도망가는 사태까지 벌어졌습니다.

당시 고구려는 압록강 남쪽으로 영역을 확대하고 있던 때였습니다. 그들은 인구야말로 국력의 바탕이라는 생각

을 하고 있었기 때문에, 살길을 찾아 떠돌아다니는 백제의 백성들을 무조건 받아들였습니다.

　농번기에는 농사를 짓고, 농한기에는 부역으로 나랏일을 돕던 백

성들이 떠나 버리자, 백제 땅이었던 예성강 일대는 한순간에 황량한 폐허가 되어 버렸습니다.

'백성들이 굶주리지 않게 하기 위해서는 농사 이외에 다른 일도 할 수 있도록 나라가 도와야 한다.'

그렇게 생각한 온조왕은 농부들을 적극적으로 돕는 한편, 누에치기를 장려하는 등 적극적으로 농업 발전에 온 힘을 기울였습니다.

우선 농사에 필요한 물을 공급해 주는 관개시설을 크게 확충했습니다. 그래서 가뭄 때문에 말라 죽는 농작물이 크게 줄었습니다. 수확도 몇 배로 늘어나게 되었습니다.

전쟁이 일어났을 때 가장 중요한 것은 병사들이 먹을 양식과 무기를 확보하는 일이었습니다. 백제는 일찌감치 충분한 농업 생산물을 확보해, 언제 어떤 일이 벌어지더라도 굶주림에 시달리는 사람이 없도록 했습니다.

온조왕은 백제를 세운 이후, 평생 동안 말갈족의 침입 때문에 어려움이 많았습니다. 그럼에도 불구하고 백성들이 살기 편한 나라가 되도록 기반을 튼튼하게 닦아 놓았습니다.

백제의 첫 임금 온조.

고구려를 떠나 새로운 나라를 세운 그는, 서기 28년 2월 세상을 떠나기까지 45년 동안 왕위를 지켰습니다.

비류와 온조의 비슷한 설화

온조왕 시대에 중국에서는 전한 왕조가 멸망하고 외척 왕망이 '신'을 세웠습니다. 그러자 전한 왕조의 후예들이 왕망과 맞서 반란을 일으켜 23년 광무제가 왕망 세력을 무너뜨린 후 후한이 일어났습니다.

서양에서는 예수가 27년부터 복음 전파를 시작하며 서양 사회의 변화를 예고했으며, 티베리우스가 19년에 노예 해방을 선포했습니다.

한편, 백제 건국 설화는 《삼국사기》에 '또 다른 이야기'로 전하는 이야기가 있습니다. 우리가 흔히 알고 있는 '온조 설화'에 '비류 설화'가 또 기록되어 있는 것입니다. 두 설화는 여러 면에서 비슷합니다.

비류와 온조가 형제이고, 고구려 수도 졸본에서 태어났으며, 주몽의 첫째 아들 유리 때문에 고구려를 떠났다는 것과, 비류가 미추홀에 처음 도읍을 정했다는 등 많은 부분에서 공통점이 있습니다. 하지만 몇 가지 다른 점도 있습니다.

이와 같이 비슷한 두 개의 설화가 따로 전해지게 된 이유는, 건국 초기의 백제는 왕실과 조정이 비류계와 온조계로 양분되어 있지 않았나 하는 추측을 낳고 있습니다. 그래서 일부에서는 이를 두 계열의 왕족이 경쟁과 협력을 하면서 나라를 이끌어 나간 중요한 증거라고 말하기도 합니다.

마음 고생이 심했던 기루왕

44년 동안 태자로 있었던 기루왕

온조왕의 아들로 아버지가 죽자 왕위에 올랐던 다루왕은, 재위 6년째 되던 해에 아들 기루를 태자로 책봉했습니다. 성격이 관대하고 인심이 후덕했던 다루왕이었지만, 말갈족의 침입과 신라와의 충돌 때문에 마음은 늘 편치 않았습니다.

다루왕은 말갈이 끊임없이 쳐들어오자 우곡에 성을 쌓아 그들을 막고, 백성들이 불안해하지 않도록 남쪽과 북쪽으로 영토를 넓혔습니다. 그 결과 63년에 백제의 영토는 지금의 충청북도 지역인 낭자곡성에 이르게 되었고, 신라의 영토와 맞닿게 되자 갈등이 빚어지기 시작했습니다.

어느 날, 마한의 장수 맹소가 신라에 복암성을 바치고 항복했다는 소식이 전해졌습니다. 신하들은 마한을 무너뜨린 것은 백제가 먼저이니 신라로부터 복암성을 돌려받아야 한다고 주장했습니다.

신하들의 말에 다루왕은 급히 사신을 신라에 보냈습니다. 그러나

■ 백제와 신라가 성장하면서 한반도에 삼국이 뿌리를 내리기 시작했다.

신라의 탈해왕은 다루왕의 말을 단번에 무시했습니다. 자존심이 상한 백제 조정에서는 서기 64년 군사를 동원해 신라의 와산성을 공격하라는 명령을 내렸습니다.

와산성이 철벽 같은 수비로 끝까지 저항하자 구양성을 공격했습니다. 그러나 구양성 전투에서도 백제는 신라에 지고 말았습니다.

당황한 다루왕은 모든 군사들을 와산성으로 모이게 했고, 급기야는 치열한 전쟁이 벌어지게 되었습니다. 무려 10년에 걸쳐 뺏고 뺏기는 싸움을 계속했지만 신라의 강력한 저항에 밀려 백제는 결국 실패하고 말았습니다.

다루왕은 어렵게 차지한 와산싱을 신라에게 다시 빼앗긴 지 1년 만에 세상을 떠났습니다. 그러나 다루왕은 왕위에 머무르는 동안 많은 일을 했습니다.

나라의 행정기구를 개편해 두 명의 재상인 좌보와 우보를 두어 임금을 보좌하도록 했고, 남쪽 지방에 농토를 개간해 쌀농사를 짓도록 하는 등 경제를 크게 발전시켰습니다.

나아가 죄수들에게 내려진 형벌을 모두 없애주는 대 사면령를 선포해 백성들의 단합을 도모하는가 하면, 38년에 극심한 흉년이 들었을 때는 곡식으로 술 빚는 것을 금지시키기도 했습니다.

아버지 다루왕이 죽자 다루왕의 맏아들이었던 기루가 왕위에 올랐습니다. 어린 나이에 태자로 책봉되었으나 다루왕이 50년 동안 왕위에 머물렀던 탓에, 44년 동안 태자라는 신분으로 살았습니다.

아버지 다루왕 시대에 끊임없이 이어졌던 전쟁을 가까이에서 지켜본 기루왕은 나라의 평화를 최우선 정책으로 삼았습니다. 오랜 전쟁으로 나라의 기강이 흔들리고 백성들의 살림이 어려워져 있었기 때문에, 나라의 안팎을 안정시키는 데 온 힘을 쏟았던 것입니다.

기루왕이 왕위에 머물렀던 52년 동안은 이웃 나라들과의 영토 전쟁이 거의 없었습니다. 서기 85년에 신라와 한 차례 다툼이 있었고, 108년에는 우곡성을 쳐들어온 말갈을 방어하는 전쟁을 치렀을 뿐이었습니다.

당시 가야와 싸움을 벌이고 있던 신라에 사신을 보내 화친을 청하기도 했습니다. 그 후 백제와 신라는 위험이 닥쳤을 때 서로 도와주며 평화롭게 지내는 사이가 되었습니다.

계속되는 천재지변

백제는 지진과 가뭄, 태풍 등 연이어 천재지변이 몰려와 시름이 걷히지 않았습니다. 산 위에서 커다란 바위가 굴러 떨어져 마을을 덮치는 사고가 일어났으며, 때아닌 서리와 우박이 내려 농사를 망쳐 놓기도 했습니다.

게다가 심한 흉년이 들어 굶주림에 시달린 백성들이 서로를 잡아

먹는다는 괴상한 소문까지 들려와 기루왕은 하루도 편하게 잠을 이룰 수 없었습니다.

사실 주변 나라와 전쟁을 벌여 영토를 넓히지 않은 것도 계속되는 천재지변에 전쟁을 할 여유가 없었던 탓도 있었습니다.

조금 여유가 생길 즈음이면 한강물이 넘쳐 주변이 다 쓸려가고, 지진으로 땅과 집이 갈라지는 상황이 계속되자, 다른 나라를 넘보거나 영토를 넓힐 엄두를 낼 수 없었던 것입니다.

기루왕은 천재지변으로 고생하며 마음을 쓰다가 128년, 100세에 가까운 나이로 세상을 떠났습니다.

전쟁과 재해를 겪은 구수왕

계속되는 전쟁

　기루왕의 아들로 왕위에 오른 개루왕 시대에 백제와 신라 사이에 맺어졌던 화친이 깨지고 말았습니다.

　그것은 개루왕 38년에 신라의 아찬 길선이 반란을 일으키려다 들켜 죽음을 당할 처지에 이르자, 백제로 도망쳐 온 것을 개루왕이 받아들임으로써 시작되었습니다. 당시 백제는 기루왕 29년에 신라와 화친을 맺은 후 친선을 유지해 오고 있던 상황이었는데, 개루왕이 길선을 받아들였다는 것은 두 나라의 관계에 변동이 생겼다는 것을 뜻했습니다.

반란을 일으키려다 들킨 길선이 백제로 도망치고, 그를 백제가 받아들인 사실을 알게 된 신라의 아달라왕은 크게 분노하여 백제를 공격했습니다.

"우리 신라의 역적인 길선을 받아들였다는 것은 나에 대한 공격이고 적대감이 분명하니 그냥 있을 수만은 없다. 당장 모든 군사를 동원해 백제를 치도록 하라."

그러나 길선을 받아들인 것이 신라와 전쟁을 벌일 뜻은 아니었던 개루왕은 맞서 싸우지 않고 방어하는 데만 주력했습니다. 하지만 그 일은 백제와 신라 사이에 치열한 싸움이 벌어질 것을 예고하는 사건이었습니다.

개루왕은 대방군의 옛 땅을 합치고 북방 진출을 시도하기 위해 132년에 북한산성을 쌓았습니다. 북한산성은 처음에는 말갈을 막기 위한 것이었으나, 뒷날 백제의 전성기를 이끌던 근초고왕이 북쪽으로 진출할 때 발판으로 삼았습니다.

게다가 475년, 고구려의 장수왕이 이끄는 군대와 백제가 전쟁을 벌였을 때, 장수왕이 북한산성을 무너뜨림으로써 백제의 도성을 점령할 수 있었던 것으로 보아, 북한산성은 백제의 운명을 결정짓는 중요한 요새가 되었습니다.

비록 신라와의 화친을 깨기는 했지만 개루왕은 백제가 나라의 힘을 뻗쳐 영토를 넓힐 수 있는 전쟁에 뛰어들 기반을 마련한 왕이었습니다. 개루왕이 사망하자 그의 맏아들 초고왕이 왕위에 올랐습니다.

백제 제5대 왕인 초고왕은 소고왕, 또는 속고왕이라고도 합니다. 초고왕은 즉위 2년째 되던 해 7월, 신라의 서쪽 국경을 공격해 성 두 개를 함락하고 신라의 백성 1천여 명을 포로로 잡아 왔습니다.

이 사실을 보고받은 신라의 아달라왕은 즉각 2만 명의 군사를 일으켜 길찬 흥선에게 내주어 백제의 동쪽 성을 공격하게 한 뒤, 자신도 8천 명의 군사를 거느리고 직접 전쟁터로 나갔습니다.

신라에 그렇게 많은 군사가 있다는 사실을 몰랐던 초고왕은 포로로 붙잡아 온 백성들을 돌려주고 빼앗은 두 성도 내놓으며 신라에 화친을 청했습니다. 신라의 아달라왕은 백제의 화친 제의를 받아들이는 것이 바람직하다는 신하들의 요청에 백제와 화친을 맺고 전쟁을 그만두었습니다.

사실 이 전쟁은 신라로서는 가장 큰 규모로 군사를 동원한 전쟁이었고, 처음으로 한강까지 진출해 승리를 거둔 전쟁이었습니다. 그러나 백제로서는 신라와 벌인 전쟁 중에 가장 심한 치욕을 느낀 전쟁이었습니다.

비록 화친을 청하기는 했지만 초고왕은 이 전쟁으로 심한 모욕감을 느끼고 있었으므로, 3년 뒤에 다시 신라를 공격했습니다. 그러나 역시 성공하지 못했습니다. 다시 힘을 모아 188년에 신라의 모산성을 공격했으나 신라 장수 구도에게 패해 군사 500명을 잃고 후퇴해야 하는 지경까지 이르렀습니다.

초고왕은 고민에 빠졌습니다. 그러다 급기야 속임수를 쓰기로 작정하고는 190년 8월에 다시 신라의 원산항을 공격했습니다. 짐작했던 대로 신라의 장수가 500명의 군사를 이끌고 나타나자 잔뜩 겁먹은 표정으로 백제군은 달아나기 시작했습니다.

백제군이 달아난 것은 속임수였습니다. 일부러 도망쳐서 신라의 군대를 아군이 숨어 있는 깊숙한 곳까지 끌어들인 백제군은 마침내 와산에서 적의 군사들을 겹겹이 에워싸고 크게 무찌를 수 있었습니다.

   이후 두 나라는 이기고 지는 것이 비슷해 팽팽한 대결을 이어 갔습니다. 초고왕 39년에 다시 신라를 공격한 백제가 요차성의 성주 설부를 죽이자, 화가 난 신라의 내해왕이 왕자 이음을 장수로 해서 백제의 사현성을 공격하도록 했습니다.

말갈의 공격

일찍부터 말갈의 공격에 대비한 백제는 국력을 기울여 북한산성을 쌓았습니다. 백제와 신라가 치열하게 다툼을 벌이고 있는 사이, 말갈이 203년부터 신라를 공격하기 시작하며 백제의 국경에도 위협을 가하기 시작했습니다.

초고왕은 말갈에 맞설 수 있도록 적현과 사도에 성을 쌓아 올린 뒤 백성을 그 곳으로 옮겨 말갈의 침입에 대비하라는 명령을 내렸습니다.

210년 10월, 적현성과 사도성이 완성된 지 불과 한 달 뒤에 말갈이 사도성으로 쳐들어왔습니다. 그러나 백제는 쉽게 막아낼 수 있었습니다.

이 싸움으로 사기가 높아진 초고왕은 장수 진과에게 군사 1천 명을 내주며 말갈의 석문성을 빼앗으라는 명령을 내렸습니다. 진과가 석문성을 뺏는 데는 성공했지만, 신라와 이미 치열한 싸움을 계속해 오고 있던 백제는 말갈의 반격에 큰 위기에 빠지는 사태가 벌어지고 말았습니다.

초고왕은 말갈이 밀고 내려오는 위기의 순간에 세상을 떠났습니다. 계속 전쟁을 벌여 영토를 넓히려고 한 초고왕은 결과적으로 모두 실패하고 백제를 어려운 처지로 만들고 말았습니다.

이로 인해 초고왕의 뒤를 이어 왕위에 오른 구수왕은 말갈, 신라와 동시에 전쟁을 벌여야 하는 입장에 처해졌습니다.

북쪽의 말갈이 먼저 백제의 적현성을 에워싸며 싸움을 걸어오자 빈틈없이 막았던 백제는, 후퇴하는 말갈 군대를 쫓아가 사도성 가까이에서 말갈 군을 무찔렀습니다. 그러나 이미 백제에 원한을 가지고 있던 말갈 군은 220년, 백제 왕성에 큰불이 나자 기회를 놓치지 않고 다시 공격했습니다.

그리고 229년에는 전염병이 돌아 나라가 어수선해진 백제를 또 다시 침범해 백성들의 집을 태우고 재물을 빼앗아 갔습니다.

백제는 또한 신라의 공격도 막아내야 했습니다. 신라는 백제가 먼저 신라의 장산성을 공격하자, 내해왕이 직접 군사를 이끌고 와서 백제를 물리쳤습니다. 그러자 구수왕은 222년, 다시 신라를 공격해 신라 장수 충훤이 이끄는 5천 명의 군사를 무찌르고 장산성 싸움에서 진 복수를 했습니다.

이에 신라는 224년 7월, 장수 연진을 보내 봉산에서 전쟁을 벌였고, 이 싸움에서 백제는 크게 지고 말았습니다. 구수왕은 이 싸움 이후 신라에 대한 공격을 중단했습니다.

전쟁을 연이어 치르는 동안 끊이지 않았던 것은 천재지변이었습니다.

왕위에 있던 20년 동안 전쟁과 천재지변으로 시련을 겪어야 했던 구수왕은 234년에 세상을 떠났습니다.

국력의 기초를 다진 고이왕

힘으로 왕위에 오른 고이왕

　사반왕의 아버지는 제6대 구수왕인데 구수왕은 초고왕의 맏아들로 초고왕이 세상을 떠나자 왕위에 올랐습니다. 그러나 아직 십대였던 어린 사반왕이 왕위에 오르자, 왕이 어려서 나랏일을 제대로 돌보지 못해 나라가 엉망이라며 반란이 일어났습니다.

　이러한 사반왕을 몰아내고 왕위에 오른 사람이 고이왕이었습니다. 사반왕의 묘호인 '사반' 은 그 뜻이 '모래 반쪽' 인데 그 이름처럼 모래 반쪽만큼의 시간만 왕위에 머무르게 되었습니다.

개루왕의 둘째 아들로 고모왕으로도 불리는 고이왕은 자신이 초고왕의 동복아우(한 어머니에게서 태어난 아우)임을 강조하며 왕위에 올랐습니다. 그러나 고이왕이 즉위한 이후 백제 왕실은 심각한 왕권다툼으로 혼란을 겪게 되었습니다.

근초고왕이 '근초고'라는 초고왕 2세의 뜻을 지닌 묘호를 받은 것이나, '근구수'라는 묘호를 받은 근초고왕의 아들은 자신들의 혈통이 순수함을 강조하기 위한 것이었습니다. 더불어 이것은 고이왕이 혈통을 조작해 왕위에 오른 뒤 벌어진 왕권다툼 속에서 자신들의 정당성을 내보이기 위한 중대한 방편이었습니다.

고이왕은 즉위한 뒤 6좌평을 두어 나랏일을 체계적으로 돌보게 하고, 16품계로 관리를 구분해 질서를 세웠습니다. 6좌평은 오늘날의 장관 같은 자리로 왕실의 비서 기관인 내신좌평, 경제 기관인 내두좌평, 예법과 의식을 맡은 내법좌평, 수도방위사령부 역할을 하는 위사좌평, 사법 기관인 조정좌평, 국방을 담당하는 병관좌평으로 이후 백제의 기본 행정 조직이 되었습니다.

16품계는 좌평, 달솔, 은솔, 덕솔, 한솔, 나솔, 장덕, 시덕, 고덕, 계덕, 대덕, 문독, 무독, 좌군, 진무, 극우였습니다.

이 등급에 따라 6품 이상은 자줏빛 옷을, 11품 이상은 붉은 옷을, 16품 이상은 푸른 옷을 입게 했는데, 이것은 백제를 귀족 중심의 국가로 자리잡게 했습니다. 신분 질서가 분명해야 왕실의 권력이 안정될 수 있다는 고이왕의 정책이 반영된 것입니다.

귀족회의는 남당이라는 장소에서 열렸는데 고이왕이 남당에서 나랏일을 의논할 때는 왕의 자리와 신하의 자리, 옷차림과 옷의 색깔 등으로 왕의 지배력과 권위가 한층 돋보였습니다.

이렇듯 고이왕은 나라의 모든 관제를 마련했을 뿐만 아니라, 강력한 중앙 집권 체제로 왕권의 절대성을 유지했습니다.

대륙 진출과 국제 관계

고이왕은 군사들을 모아 사냥 대회를 자주 열었습니다. 활을 잘 쏘는 자신의 실력을 뽐내려는 것도 있었지만 그보다는 대내외에 왕권을 드러내 보이려는 의도가 강했습니다.

고이왕은 온조왕 이래 많은 성장을 한 백제를 부여의 뒤를 잇는 대제국으로 만들어 고구려 이상 가는 나라로 키우고 싶었습니다.

그 날도 활을 잘 쏘는 백제의 정예 군사들과 사냥을 나갔던 고이왕의 시야에 날아가는 새 두 마리가 보였습니다. 고이왕은 재빠르게 두 발의 화살을 꺼내 새를 향해 쏘았습니다. 그러자 새 두 마리가 연달아 땅으로 떨어지면서 군사들의 감탄 소리가 터져 나왔습니다.

"마마의 활 솜씨는 정말 하늘이 내리신 것이옵니다."

흔들리는 말 위에서도 날아가는 새를 정확히 맞혀 떨어뜨린 고이왕의 활 솜씨를 지켜보던 군사들은 다시 한 번 고이왕에게 허리를 숙여 충성을 다짐했습니다. 그런 군사들에게 고이왕은 활을 잘 쏘아 짐승을 많이 잡는 사람에겐 상을 내리겠다고 말한 뒤, 그대로 실행함으로써 군사들의 사기를 북돋았습니다.

고이왕 시대는 낙랑과 신라, 말갈 등과 끊임없는 싸움이 계속됐는데 고이왕 13년인 246년, 고구려와 위나라 사이에 전쟁이 일어났다는 소식이 들렸습니다. 위나라의 유주자사 관구검이 낙랑 태수 유무와 대방 태수 왕준과 힘을 합쳐 고구려에 쳐들어온 것입니다.

예전에 고구려가 위나라의 배신에 분노해 위나라를 공격한 적이 있었는데, 이번에는 위나라가 보복한 것이었습니다. 부여와 낙랑, 모용 선비족이 위나라를 돕고 있었기 때문에 가능한 일이었습니다.

소식을 들은 고이왕은 좌장 진충으로 하여금 낙랑을 공격하게 했습니다. 신하들은 낙랑을 친다는 것은 고구려를 돕는 것이라며 의아해했습니다. 그러나 고이왕의 생각은 달랐습니다. 고구려를 돕는 결과도 되겠지만 이 기회에 낙랑을 치려는 것이 그의 계획이었던 것입니다.

고이왕의 명령을 받은 진충은 낙랑을 공격했고, 그 결과 낙랑은 많은 피해와 함께 수많은 포로들이 백제군에게 잡혔습니다.

이 사건으로 낙랑 태수 유무가 크게 화를 내며 포로들을 돌려보내 줄 것을 요구했습니다. 고이왕은 포로들을 돌려보내 주었습니다. 그러나 낙랑은 진한의 여덟 나라는 모두 본래 낙랑의 것이라며 백제 역시도 낙랑 것이라는 말로 고이왕의 심기를 건드렸습니다.

"우리 백제를 넘보다니, 이젠 용서할 수가 없다. 당장 낙랑을 공격하라."

고이왕은 낙랑이 다스리던 대방 지역을 공격해 대방 태수를 죽였습니다. 이 사건으로 대방은 사실상 백제의 것이 되었고, 대방 태수는 무조건 딸을 백제 왕실에 시집 보내야 하는 처지가 되고 말았습니다.

백제는 한강 유역의 여러 부족들을 통합하는 세력으로 커졌습니다. 말갈은 백제가 생긴 뒤부터 줄기차게 백제를 공격했지만, 백제의 세력이 커지자 먼저 좋은 말을 바치며 화친을 청했습니다. 그래서 고이왕 시대에는 백제와 말갈이 다투는 일은 없었습니다.

백제에게 가장 위협적인 세력은 신라였습니다. 고이왕은 두 차례에 걸쳐 신라를 공격했지만, 261년에는 사신을 보내 화친을 요구했습니다. 그러나 신라가 받아들이지 않자 계속해서 전쟁을 벌이다 고이왕 53년에야 화친을 맺게 되었습니다. 이 때 신라가 백제와 화친을 맺은 것은 왜나라의 침략에 대비해야 했기 때문이었습니다.

이렇게 고이왕은 백제의 힘을 키워 신라와 말갈 모두와 화친을 맺으며 대륙으로 나가는 데 성공했습니다.

다양한 친선 관계가 이루어지자 지역끼리의 문물 교류도 활발해졌습니다. 낙랑을 통해서는 제철 기술과 무기들을 받아들였으며, 말갈로부터는 군사용 말, 바다표범 가죽, 물개 등 바다에서 나는 동식물이 들어왔습니다. 이런 문물 교류의 활발함은 교통로를 발달시키고 경제적 기반을 탄탄하게 했습니다.

고이왕은 52년 동안 왕위에 머무르며 백제를 강한 나라로 키웠습니다. 286년 11월에 세상을 떠나 아들 책계왕에게 왕위를 물려주었으나 무덤과 가족에 대한 기록은 남아 있지 않습니다.

 백제의 대륙진출 주장

우리가 익히 알고 있는 《삼국사기》에는 백제가 대륙으로 진출했다는 기록이 전혀 없습니다. 하지만 《삼국사기》보다 훨씬 앞서 만들어진 《송서》와 《양서》에는 백제가 요서 지역을 차지했다는 기록이 있습니다.

《삼국사기》를 만든 사람들은 한반도의 백제가 중국 땅에 영토를 가졌다는 사실을 인정할 수 없었던 것 같기도 하지만, 《송서》와 《양서》의 기록을 무시할 수는 없으므로 아직까지도 학자들 사이에선 서로 다른 주장이 계속되고 있습니다.

정통성이 모호한 비류왕

고이왕계의 몰락

낙랑 등 한나라 군현 세력에 대해 강경책을 펴던 분서왕이 낙랑이 보낸 자객에게 살해당하자, 백제는 새로운 왕을 세우는 일로 고민에 빠졌습니다. 순조롭게 왕위 계승이 이어진다면 분서왕의 아들이 왕위에 오르는 게 당연하지만, 이미 백제의 사정은 그것을 허용할 수 없는 상황이었습니다.

고이왕의 아들로 왕위에 오른 책계왕은 왕위에 오르자마자, 왕권

강화와 나라를 강하게 만들려고 했던 아버지의 뜻을 이어받아, 위례성을 수리하고 대방군의 딸 보과를 왕비로 맞이했습니다.

그런데 대방군은 중국 한나라의 군현으로, 주변의 고구려나 백제 등과 교류를 하면서도 영토 확장을 위해 경쟁하고 싸우는 관계였습니다.

그런 대방군의 딸을 아내로 맞이한 책계왕은 장인의 요구를 도와주지 않을 수 없어 고구려와 싸움을 벌이게 되었고, 이 일로 백제와 고구려는 사이가 벌어지게 되었습니다.

■ 일부에서는 백제가 대륙에 진출해 상당한 영토를 지배했다는 주장을 펴기도 한다.

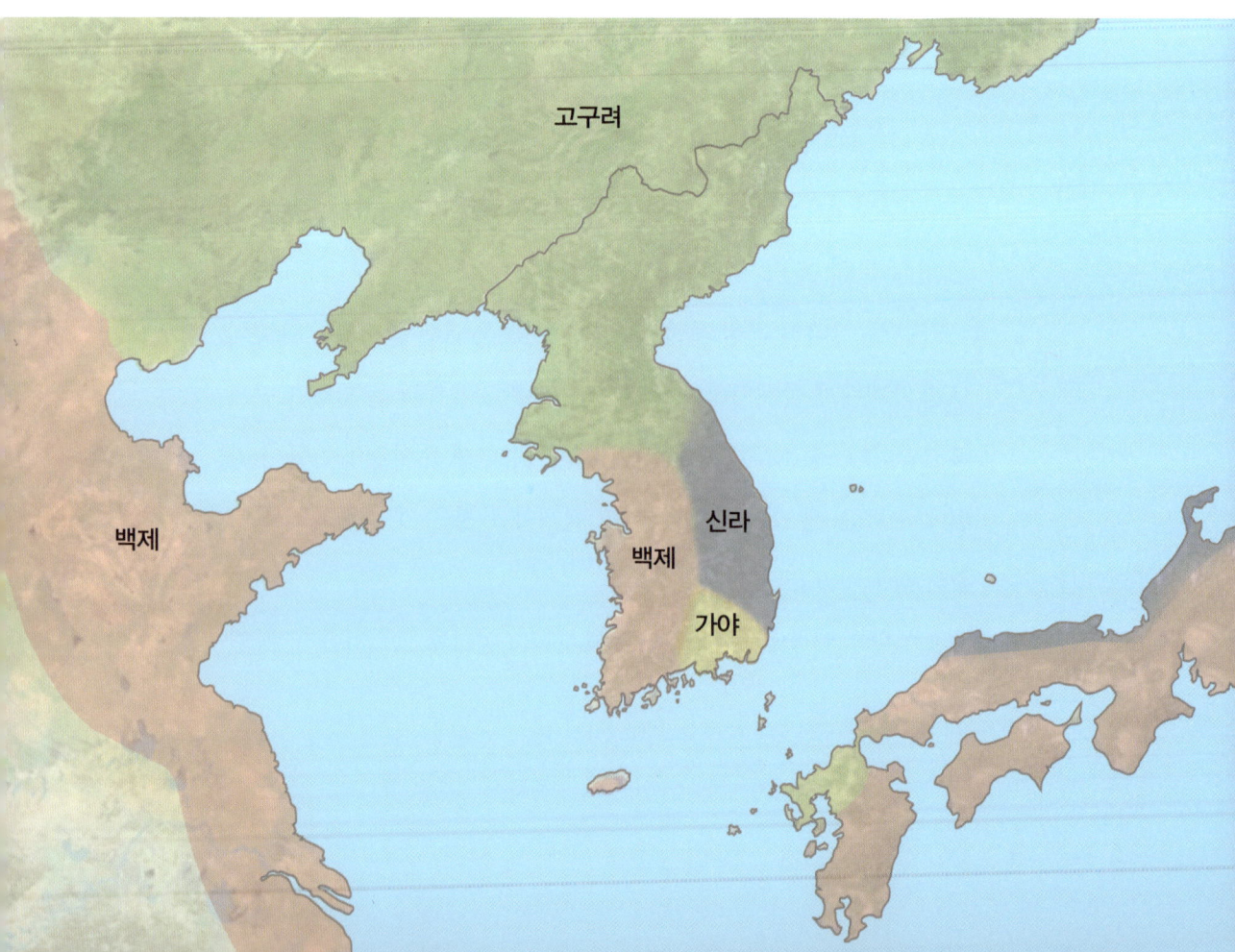

그 결과 백제는 고구려의 침략을 걱정하는 지경까지 이르고 말았습니다. 책계왕은 언제 고구려가 쳐들어올지 모르기 때문에 한강 북쪽을 방어하기 위해 아차성을 쌓는 한편, 사성도 다시 지었습니다.

하지만 책계왕은 낙랑이 대방을 공격하자 장인을 돕기 위해 그곳으로 건너가 정세를 살피다가, 왕위에 오른 지 13년 만인 298년 전쟁터에서 목숨을 잃고 말았습니다. 그 뒤를 이어 왕위에 오른 분서왕은 책계왕의 맏아들로, 어려서부터 총명하고 슬기로운 사람이었습니다.

분서왕은 대륙을 개척해 백제의 기상을 온 세상에 떨치겠다는 포부를 갖고 있었습니다. 아버지 책계왕이 대방군의 딸을 아내로 맞아들여 대륙에서 활약한 것을 잘 알고 있는데다 전쟁터에서 죽었으므로, 대륙 개척은 그에게 반드시 이뤄야 할 과제 같은 것이었습니다.

왕위에 오른 지 7년째 되던 어느 날, 분서왕은 낙랑의 서현을 기습해 영토를 빼앗았습니다. 낙랑과 유연이 오가는 길인 서현이 백제에 점령당하자, 낙랑은 백제의 왕을 죽이면 기세가 꺾일 것이라고 생각하고 분서왕을 죽이려는 음모를 꾸몄습니다.

당시 백제는 분서왕이 영토 확장에만 힘을 쏟는다고 불만을 가진 백성들이 많았고, 그럴 때 왕이 죽으면 불만을 가졌던 세력이 권력을 잡을 것이라고 낙랑은 생각했습니다.

분서왕은 결국 낙랑 태수가 보낸 뛰어난 자객에 의해, 즉위 7년 만

에 살해되었습니다. 그러나 책계왕에 이어 분서왕까지 한나라 군현 세력에 의해 죽임을 당했다는 사실은 그만큼 백제가 중국 군현에 위협적인 대상이 될 만큼 세력이 커졌다는 것을 의미합니다.

분서왕이 죽자 낙랑의 예상대로 왕위는 분서왕의 아들이 뒤를 잇지 못하고, 초고왕 계인 비류왕이 차지했습니다.

비류왕 세력이 분서왕 세력을 몰아내다

분서왕마저 낙랑이 보낸 자객에 의해 죽음을 맞게 되자, 백제에서는 불만과 한탄의 소리가 곳곳에서 터져 나왔습니다.

왕이 대륙에만 관심을 가져 나라 안의 사정을 알지 못했고, 도성을 많이 비운 채 바다 건너 땅에만 신경 쓰느라 백성을 돌보지 못했으므로, 이대로 가다가는 나라가 위태롭다는 의견이 지배적이었습니다.

이런 불만은 분서왕 개인에 대한 것이 아니라, 그 동안 대륙 개척에 나섰던 이전 왕들에 대한 불만이었습니다.

결국 고이왕 계를 뒤엎자는 의견까지 나왔습니다. 구수왕의 둘째 아들을 왕으로 모시자는 것이었지요. 거기에는 분서왕의 아들들의 나이가 어리다는 핑계도 있었지만, 비류왕 세력이 분서왕 세력보다 더 우위에 있었다는 사실을 의미합니다.

비류왕은 구수왕의 둘째 아들로 태어났습니다. 너그럽고 인자한 성품을 가진데다, 힘이 세고 활 솜씨가 뛰어나 백성들에게 인기가 높았습니다.

비류왕은 힘없고 가난한 백성들을 위한 정책을 우선적으로 폈습니다. 생활이 어려운 홀아비와 과부, 자식 없는 노인들과 부모를 잃은 고아들에게 관료들을 보내 곡식을 나누어 주는 등, 백성의 마음을 다독이는 일에 집중했습니다.

이러한 그의 정책은 자신이 분서왕의 세력을 몰아내고 왕위에 올랐으므로 백성의 마음을 얻으려는 이유가 상당히 컸습니다. 하지만 왕위에 오르기 전, 오랫동안 평민으로 생활하면서 누구보다 서민들의 사정을 잘 알고 있었기 때문이었습니다.

비류왕은 즉위 9년에 지방의 군사를 맡아보던 대신인 병관좌평에 해구를 임명했습니다. 이는 자신이 왕위에 오를 때 해씨 세력의 도움이 절대적이었기 때문에, 그에 대한 보상이기도 했습니다.

그러나 비류왕 시대에는 백제가 다른 나라와 전쟁을 벌인 적이 거의 없었습니다. 사신을 주고받으며 화친을 맺은 신라는 물론 고구려나 낙랑, 말갈 등과도 전쟁은 일어나지 않았습니다. 이는 안정된 나라 속에서 자신의 왕권을 튼튼하게 하려는 생각에서였습니다.

이렇게 다른 나라와 전쟁을 벌이지는 않았지만, 나라 안에서는 비류왕이 왕위에 오른 지 24년째 되던 해 임금의 이복동생인 우복이

42 • 문화 예술의 강국 백제

권력에 야심을 품고 반란을 일으켰습니다.

우복은 이미 내신좌평을 맡아 막대한 권력을 누리고 있었습니다. 하지만 북한성을 기지로 삼아 도성을 차지하겠다는 야심을 품고 자신의 군사들을 은밀하게 배치해 놓았습니다.

우복이 반란을 일으키자 비류왕은 군사들로 하여금 북한성을 치게 했습니다. 이 싸움에서 우복은 크게 지고 말았으며, 그 뒤로는 특별한 반란은 일어나지 않았습니다.

백제의 권력 다툼

《삼국사기》에는 비류왕을 '오랫동안 평민으로 살았으나 그 명성을 널리 떨쳤습니다.'라고 쓰여 있습니다. 구수왕의 둘째 아들이기는 했지만 쫓겨난 사반왕의 혈육이기 때문에 왕족 대접은커녕 귀족 대접도 받지 못했던 것입니다.

그런데 비류왕이 구수왕의 둘째 아들이라는 것은 사실 명확하지 않습니다. 기록에 따르면 비류왕은 구수왕이 세상을 떠난 지 70년 뒤에 즉위해 40년 간 왕위를 지켰습니다.

나이와 연대에 뭔가 석연찮은 점이 있는 셈이지요.

비류왕은 어쩌면 고이왕처럼 혈통을 조작해 자신의 정통성을 인정받으려 했는지도 모릅니다. 그의 주장처럼 구수왕 계통의 자손일 수는 있겠지만, 정상적이지 않은 방법으로 왕위에 올랐기 때문입니다.

어쨌든 비류왕의 즉위와 함께 백제 왕실 세력은 고이왕계에서 초고왕계로 교체되었습니다.

# 즉위 2년 만에 세상을 떠난 계왕

수수께끼에 쌓인 왕

　분서왕이 세상을 떠나고 왕위는 당연히 그의 아들이 물려받아야 했습니다. 그러나 분서왕의 아들은 나이가 너무 어렸고, 그래서 사반왕의 동생인 비류왕이 옥좌를 차지했습니다.

　하지만 분서왕의 아들이 나이가 어리므로 임금이 될 수 없다는 말은 세상을 속이기 위한 핑계에 불과했습니다. 사실은 왕실 내부의 권력 싸움에 밀려 왕위를 이어받을 수 없었던 것입니다.

고이왕계와 초고왕계의 대립에서 패하자, 아버지의 왕위를 정치적인 적에게 빼앗겨 버린 것입니다. 그런데 41년이 지난 후 비류왕이 죽자, 분서왕의 아들은 억울하게 잃어버린 왕위를 되찾게 되었습니다.

그렇다고 해서 왕실 내부의 세력까지 뒤바뀐 것은 아니었습니다. 나라를 좌지우지할 수 있는 중요한 관직은 여전히 초고왕계가 완벽하게 장악하고 있었던 것입니다.

그런 까닭인지 계왕은 즉위 2년도 채우지 못하고 세상을 떠나고 말았습니다. 왕의 죽음은 원인이 명확하게 밝혀지는 것이 정상입니다. 하지만 계왕의 죽음은 달랐습니다. 사망의 직접적인 이유조차 알 수가 없었던 것입니다.

계왕은 백제의 왕으로서 제대로 된 대접을 받지 못했습니다. 왕실이나 조정을 초고왕계가 장악하고 있었기 때문이지요. 그런 까닭에 계왕은 세상을 떠난 뒤 정식 묘호도 받을 수가 없었습니다.

'계왕'이라는 호칭은 정식 묘호가 아닙니다. 그의 본래 이름 '계'에 왕을 붙여 '계왕'이라 부르는 것으로 모든 절차를 끝내 버렸던 것입니다.

나라를 전성기로 이끈 근초고왕

백제의 영토 확장

　근초고왕은 비류왕의 둘째 아들로 태어나, 계왕의 뒤를 이어 왕위에 올랐습니다. 그는 체격이 크고 지혜로웠으며, 특이한 외모를 가졌던 것으로 알려져 있습니다.

　근초고왕은 자신이 초고왕의 후손임을 특히 강조하며, 백제의 왕실을 바로 세우는 데 온 힘을 쏟았습니다. 고이왕 계통의 왕실 세력의 몰락과 함께, 초고왕 계통이 완벽하게 자리를 잡았던 것입니다.

계왕이 왕위에 오른 지 겨우 2년도 채 못 되어 의문의 죽음을 맞자, 대륙을 개척하는 데 관심이 많았던 근초고왕은 한반도와 대륙에서 활발한 활동을 펼쳤습니다. 그리고 백성들이 안심하고 농사에 힘쓰도록 애쓰는 한편, 낙동강 유역까지 힘을 뻗어 가야와 경계를 하게 되었습니다.

북쪽으로 진출하려는 생각을 갖고 있었던 근초고왕은 신라와의 불필요한 충돌을 사전에 예방했습니다. 신라에 사신과 함께 좋은 말을 선물로 보내 우호 관계를 맺어 뒤탈이 일어나지 않도록 조치한 것입니다.

고구려와는 오랫동안 평화로운 관계를 유지하고 있었습니다. 하지만 두 나라 사이에 있었던 낙랑군과 대방군을 몰아내면서 나라의 경계가 맞닿게 되었습니다.

문제는 그 때부터 시작되었습니다. 북쪽으로 진출하려는 백제와 남쪽으로 진출하려는 고구려의 갈등이 수면 위로 떠오른 것입니다.

먼저 고구려의 고국원왕이 백제의 치양성을 공격했습니다. 고구려 군대가 쳐들어왔다는 소식을 들은 근초고왕은 당장 군사를 보냈고, 백제는 크게 이길 수 있었습니다. 잠시 뒤로 물러선 고구려가 예성강에서 두 번째 공격을 시작했습니다. 하지만 근초고왕이 직접 군사를 이끌고 나가 군사들의 사기를 북돋우면서 대승을 거두었지요.

예성강 전투에서 패한 고구려는 태자 구부의 활약 덕분에 겨우 평양성은 지킬 수 있었습니다. 하지만 전쟁을 치르는 과정에서 큰 부상을 입은 고국원왕은 세상을 떠나고 말았습니다.

고구려의 고국원왕이 세상을 떠났다는 소식을 들은 근초고왕은 기쁨을 감추지 못했습니다. 예성강 싸움에서 큰 공을 세운 태자 수가 자신감 넘치는 목소리로 아뢰었습니다.

"아바마마, 절호의 기회가 왔습니다. 지금 고구려 군사들은 왕을 잃은 슬픔에 우왕좌왕하고 있을 게 틀림없어요. 아마도 전쟁을 할 의지조차 사라진 상태일 것입니다. 이 때를 이용해 평양성은 물론 국내성까지 밀고 올라가 고구려를 무너뜨려야 합니다."

하지만 근초고왕은 고개를 저었습니다. 고구리가 단숨에 무너질

만큼 허약한 나라가 아니라는 사실을 잘 알고 있었기 때문이었습니다. 나아가 고구려의 고국원왕의 전사만으로도 충분한 수확이며, 고구려를 앞서 갈 수 있는 발판을 마련했다고 여겼던 것입니다.

근초고왕은 한성으로 돌아가자마자 대승을 축하하는 잔치를 열었습니다. 또한 전쟁의 승리를 기념하고 축하하기 위해 태학박사 고흥을 불러 이번의 역사적 사건을 기록으로 남기라고 명령했습니다.

고흥은 백제의 역사를 기록한 《백제서기》에 다음과 같이 적었습니다.

'백제는 중국 등 주변 국가와 벌이는 전쟁마다 승리를 거두었다. 그 결과 나라의 세력이 중국의 요서 지방에서 일본에 이르기까지 널리 퍼지게 되었다.'

근초고왕 시기의 백제는 주변의 어떤 나라보다도 강한 나라였습니다. 당시 대륙에 기반을 두고 있던 고구려와의 경쟁에서 이겼다는 것은, 백제가 대륙에 기반을 두고 발전해 나갈 수 있다는 의미이기도 합니다.

백제를 강한 나라로 만드는 데 성공한 근초고왕은 왕위에 오른 지 30년 만인 375년에 세상을 떠났습니다.

백제의 칼, 칠지도

칠지도는 몸체 좌우로 칼날이 세 개씩 뻗어 있어, 몸체까지 모두 일곱 개의 날로 만들어진 칼입니다.

우리나라에는 칠지도의 일부로 생각되는 유물이 부여 군수리 절터의 탑 기둥 밑에서 출토된 적이 있을 뿐, 어떠한 문헌 기록도 없습니다. 그러나 《일본서기》에는 그 이름이 기록되어 있습니다.

칠지도는 임금이 아랫사람에게 신임을 나타내는 뜻으로 선물하는 칼이었습니다. 몸체 앞뒤에 61자의 글자가 금색으로 새겨져 있는 이 칼은, 일본 나라현 덴리시의 이소노카미 신궁에 실물이 보존되어 있습니다.

금석문 자료로 칼에 새겨진 내용에 대해서는 여러 가지 설이 있지만, 그 핵심은 '칼이 근초고왕 때 만들어졌고 백제의 후왕인 왜국의 왕에게 하사된 것'이라는 사실입니다.

칠지도는 당시 백제 사람들이 일본에 활발하게 진출했다는 사실과, 백제의 해상 세력이 일본 열도까지 미치고 있었음을 증명하고 있습니다.

일본으로 간 아직기

아직기는 백제의 찬란한 문화를 일본에 전해 준 대표적인 인물입니다. 4세기 무렵 백제는 고구려의 침입을 막아내는 한편, 일본에 백제의 앞선 문화를 전해 주었습니다.

어느 날 근초고왕은 선비임에도 불구하고 말을 잘 다스릴 줄 아는 데다 학문이 높기로 이름난 아직기를 불렀습니다. 섬나라 일본은 말이 귀했습니다. 그래서 일본 왕이 사신을 보내 말을 보내 줬으면 좋겠다는 부탁을 한 후였습니다.

"그대가 일본에 가서 말 다루는 법과, 말을 길들이는 법을 가르쳐 주도록 하시오. 그러면 그들에게 아주 큰 도움이 될 것이오."

"분부대로 하겠습니다."

근초고왕의 명령을 받고 말 두 필과 함께 일본으로 떠난 아직기는 생전 처음으로 배를 탄 데다, 거센 파도까지 몰아쳐 심한 배 멀미를 고스란히 겪어야 했습니다. 두 마리의 말도 처음으로 배를 탄 터라 축 늘어지기는 마찬가지였습니다. 아직기는 자신도 힘들었지만 말의 목덜미를 쓰다듬어 주며 뱃길을 재촉했습니다.

하지만 그것은 시작에 불과했습니다. 섬나라 일본에 도착하기만 하면 불편함이 없을 것이라 여겼던 기대가 수포로 돌아가 버린 것입니다. 섬나라 특유의 높은 습도에 쉽게 적응할 수가 없었던 것입니다.

함께 일본에 도착한 말 두 마리도 마찬가지였습니다. 높은 습도에 도무지 기운을 차리지 못한 말들은 가쁜 숨을 내쉬며 기운을 잃어 갔습니다. 하지만 아직기는 왕명을 수행하기 위해 자신보다는 말의 건강을 더 챙겼습니다.

그렇게 시간이 흐르면서 찬바람이 불기 시작하자 아직기와 말들은 조금씩 기운이 되돌아왔습니다. 그래서 일본 왕과 신하들에게 말에 대한 기본적인 교육을 시작했습니다.

짐승도 사람과 마찬가지로 존중해야 한다는 사실과, 말을 다루는 여러 가지 기술을 세심하게 일러주었습니다. 시간이 흐르면서 일본 왕을 비롯한 고관대작들의 아직기에 대한 존경심은 날로 커져만 갔습니다.

'백제는 우리 일본보다 모든 면에서 앞서 있는 나라가 틀림없다. 백제에서 온 아직기를 보니, 우리가 그 동안 얼마나 무지하게 살아왔는지 알 수가 있어!'

일본 왕은 나무랄 데 없는 품성은 물론, 다양한 분야의 학문까지 두루 익힌 아직기에게 태자의 스승이 되어 달라고 부탁했습니다.

"그대의 학문과 인품이라면 태자에게 왕도와 법도, 그리고 사람의 도리에 이르기까지 무엇 하나 부족함 없이 지도해 줄 수 있으리라 믿소이다. 말을 교육시키는 것은 이제 다른 사람에게 맡기고, 그대는 우리 태자의 스승이 되어 주시기를 바라오."

일본 왕의 간곡한 부탁에 아직기는 태자를 지도하기 시작했습니다. 태자는 예상했던 것보다 훨씬 현명한 인물이었습니다. 하루가 다르게 학문의 성취를 더해 갔습니다. 따라서 일본 왕의 기쁨도 그만큼 커졌습니다.

일본 왕은 훌륭한 아직기를 보내 준 백제 왕에게 진심으로 고마워했습니다. 그리고 또 다른 훌륭한 인재가 백제에 있다면 모셔 와 가르침을 받고 싶어 했습니다.

이에 아직기가 말했습니다.

"고국 백제에는 오경박사 제도가 있습니다. 학문은 물론이려니와 갖가지 기술 등에서 뛰어난 사람을 일컬어 박사라고 부르며 우러르는데, 왕인 박사 같은 분은 그 중에서도 아주 뛰어난 분이랍니다."

아직기의 말에 일본 왕은 왕인을 초청해 달라고 부탁했습니다.

일본 왕의 진심을 안 아직기는 근초고왕에게 사람을 보내 일본 왕의 뜻을 전했습니다. 그래서 고향에서 제자들을 가르치고 있던 왕인 박사는 왕명에 따라 일본으로 가게 되었습니다.

왕인 박사의 일본 왕실 교육

아직기의 천거를 받아 일본으로 가게 된 왕인은 경서에 통달한 사람이었습니다. 그는 《논어》 10권과 《천자문》 1권을 소중하게 챙긴 다음, 붓과 벼루, 먹 등을 챙겨서 고향을 떠났습니다.

한번 떠나면 언제 돌아올 수 있을지 알 수 없는 길이었습니다. 왕인은 바다 건너 낯선 나라에서 살아야 한다는 생각에 마음이 울적해졌지만, 지엄하신 왕의 분부를 받들어야만 하는 입장이었습니다.

'나에게는 주어진 소임이 있다. 어디에 뼈를 묻게 되더라도, 백제인으로서 자부심을 잊지 말고 최선을 다하자!'

왕인은 그렇게 스스로를 다독였습니다.

왕인이 심한 배 멀미에 녹초가 되어 도착한 곳은 일본의 규수 지

방이었습니다. 규수에는 태자의 스승이 될 왕인을 맞이하기 위해 왕이 보낸 사신이 미리 나와 있었습니다.

사신은 왕인에게 깍듯한 예를 갖추며 거처로 안내했습니다. 왕인은 곧바로 일본 태자의 스승이 되어 천자문부터 가르치기 시작했습니다.

천 개의 글자로 이루어진 천자문을 만든 중국 양나라의 주흥사 이야기부터, 천자문에 들어 있는 모든 이치까지 알기 쉽게 설명하자, 태자는 열심히 듣고 빠른 속도로 익혀 나갔습니다.

그리고 일본의 대신들에게는 경서를 가르쳤습니다. 또한 논에서 일하는 사람들이 힘겨워 보이는 것을 보고는 노래도 가르쳤으며, 붓글씨도 익히게 했습니다. 일본 노래는 왕인이 가르쳐 준 이후에 시작된 것입니다.

  시간이 흐르자 왕인은 도자기 기술자를 보내 달라고 백제에 요청했고, 백제에서 수많은 도자기 기술자가 일본으로 건너가게 되었습니다. 이로써 왕인은 일본의 문화 전반에 큰 영향력을 끼쳤습니다. 왕인으로부터 배운 많은 문화적인 것들이 일본에 아스카 문화를 형성하는 데 결정적인 도움이 된 것입니다.

  일본에서 왕인은 모두가 허리를 숙여 인사를 할 정도로 존경을 받았습니다. 일본 왕이 세상을 떠나고 태자가 왕위에 올라 닌토쿠 천황이 되자, 그가 대신들을 모아 놓고 말했습니다.

  "왕인 박사님은 우리나라의 스승이오. 이제부터는 박사님을 서수라고 높여 부르도록 하시오."

  '서수'란 학문이 깊고 높은 사람을 뜻하는 말로, 그 때 일본에서 학자에게 내리는 첫 벼슬이 되었습니다.

  왕인은 결국 고국으로 돌아오지 못하고 일본에서 세상을 떠났습니다. 왕인의 묘는 오사카 히라가타 시에 있으며, 도쿄의 우에노 공원에도 그에 관한 비석이 있습니다.

  백제의 문화는 그 후에도 끊임없이 일본에 전해졌습니다.

정복 군주 근구수왕

항상 백성을 생각했던 왕

근초고왕의 맏아들로 아버지의 뒤를 이어 왕위에 오른 근구수왕은 《일본서기》에는 귀수로, 《신찬성씨록》에는 근귀수로 기록되어 있습니다.

근초고왕의 왕비 진 사이에서 태어났으며, 왕위에 오르기 전 이름은 휘수였습니다. 근구수왕은 태자 때부터 고구려와의 전쟁에서 뛰어난 활약을 펼쳤습니다. 백제를 더욱 강한 나라로 만들기 위해 온 힘을 다 쏟았습니다.

　어릴 때부터 뛰어난 판단력과 함께 용맹스러움을 갖춰 전쟁을 승리로 이끄는 데 능력을 발휘했습니다. 369년 고구려의 고국원왕이 쳐들어왔을 때, 고구려 군대 가운데서도 정예군인 붉은 깃발 부대를 집중 공격해 큰 승리를 거두었습니다.

　나아가 달아나는 고구려 군대를 쫓아갈 때는 장수 막고해의 충고를 받아들여 당장 추격을 멈추게 하기도 했습니다. 그리고 그 자리에 백제 땅이라는 표시의 말뚝을 박은 것만 보아도 그의 냉철한 판단력과 패기 넘치는 성격을 엿볼 수 있습니다.

백제는 근초고왕과 근구수왕 대에 큰 발전을 했는데, 아버지 근초고왕의 정책을 이어받은 근구수왕이 모든 면에서 마무리를 잘 했기 때문에 대단한 성과를 이룰 수 있었습니다. 나아가 근초고왕 대에 확립된 초고왕 계의 왕위 계승을 확고히 다진 것도 근구수왕이었습니다.

하지만 모든 것이 좋았던 것만은 아니었습니다. 거듭되는 천재지변으로 고구려와 더 이상 전쟁을 벌일 수 없게 되자, 근구수왕은 중국 대륙의 동진, 신라와 가야, 그리고 왜나라와 화친을 맺어 고구려를 압박하는 전술을 쓰기도 했습니다.

나아가 굶주림에 허덕이는 백성들에게 나라의 창고를 열어 곡식을 나누어 주는 등 백성들을 우선으로 생각하는 정책을 폈습니다. 그러나 근구수왕은 재위에 오른 지 10년 만에 세상을 떠나고 말았습니다.

불교를 공인한 침류왕

불교를 받아들인 백제

근구수왕의 맏아들로 태어난 침류왕은 19개월 동안 왕위에 머물다 세상을 떠난 비운의 왕이었습니다. 몸이 약해 늘 병을 달고 살았던 침류왕은 왕위에 오르자, 왜나라와 친교를 맺고 동진에도 사신을 보냈습니다.

동진에 사신을 보낸 것은 병에 시달리던 자신의 처지를 불교에 기대고, 불교의 가르침을 받으며 위안을 얻고자 하는 속뜻이 있었습니다. 동진에 인도 승려인 마라난타가 머물고 있었는데, 그의 설법이 대단하다는 소문을 듣게 되었던 것입니다.

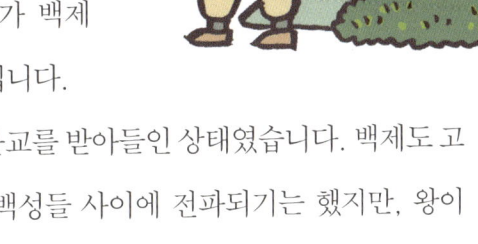

침류왕이 동진에 사신을 보내자, 동진에서는 마라난타를 백제에 보내 주었습니다. 불교가 백제에 첫발을 내디디게 된 것입니다.

그 당시 고구려는 이미 불교를 받아들인 상태였습니다. 백제도 고구려를 통해 불교가 일부 백성들 사이에 전파되기는 했지만, 왕이 직접 승려를 초청해 법문을 듣는 것은 처음 있는 일이었습니다.

마라난타를 몸소 맞이한 침류왕은 불교의 교리를 성심껏 들었습니다. 그리고 다음 해 한산에 불교 사찰을 세웠으며, 마라난타의 청을 받아들여 10명의 젊은이를 뽑아 그의 제자로 삼게 했습니다.

침류왕이 불교를 받아들이자, 토속 신앙을 믿고 있던 대부분의 백성들은 큰 충격에 빠졌습니다. 나아가 침류왕은 불교를 반대하는 세력들과의 충돌을 피할 수가 없었습니다.

하지만 침류왕은 왕위에 오른 지 19개월 만에 세상을 떠나고 말았습니다. 그래서 갈등을 피할 수는 있었지만, 불교가 널리 퍼지지는 못했습니다.

불운했던 진사왕

위기를 맞이한 백제

　진사왕은 근구수왕의 둘째 아들이자 침류왕의 동생이었습니다. 침류왕이 세상을 떠났을 때, 태자의 나이가 너무 어린 까닭에 대신 왕위에 오른 인물이기도 합니다.

　조카 대신 왕이 된 까닭에 그의 왕권은 약할 수밖에 없었고, 조정은 왕위 계승 문제로 어수선했습니다. 그러나 아버지인 근구수왕의 뜻을 이어받아 진사왕은 고구려 정벌에 온 힘을 기울였습니다.

그는 용맹하고 총명한데다, 지략이 대단히 뛰어난 사람이었습니다. 그래서 즉위한 바로 다음 해, 고구려의 침략에 대비해 백제의 서북부에 성을 쌓기도 했습니다.

진사왕 때 백제의 동쪽 요충지는 청목령이었고, 북쪽은 팔곤성과 적현성, 도곤성이었습니다. 그리고 서해안 쪽은 관미성이었는데, 관미성은 강화만으로 흘러드는 임진강 하구의 산성이었습니다.

386년, 고구려의 고국양왕이 군사를 이끌고 쳐들어왔을 때 진사왕은 성공적으로 막아 냈지만 마음을 놓을 수는 없었습니다. 고구려가 387년 말갈을 시켜 백제를 치게 했기 때문이었습니다.

이 싸움으로 고이왕 이래 화친을 맺어 130년 동안 평화롭게 지내온 백제와 말갈 사이의 전쟁은 다시 시작되었고, 이 전쟁에서 백제는 말갈에게 큰 피해를 입었습니다.

진사왕이 고구려의 광개토대왕과 처음으로 싸운 전쟁은 석현 부근이었습니다. 고국양왕이 죽고 왕위에 오른 젊은 광개토대왕과의 싸움은 사흘 동안 계속되었는데, 백제는 석현 부근의 성 10개를 빼앗기는 등 큰 피해를 입었습니다.

일단 군사를 거두어 돌아간 광개토대왕은 다시 관미성을 공격했습니다. 예성강과 임진강, 한강이 모두 모이는 곳에 있는 관미성은 군사적으로 매우 중요한 곳이었습니다. 그러나 백제는 그 성을 고구려에게 빼앗기고 말았습니다.

반드시 지켜 내야만 했던 관미성을 빼앗겨 버린 백제로서는 긴장하지 않을 수 없었습니다. 고구려의 세력이 더 커지기 전에 장병을 모집해 병력을 늘리고, 더욱 효과적인 무기를 만드는 등 나라의 군사력을 완벽하게 정비해 놓을 필요가 있었습니다.

마침 그 즈음, 침류왕이 재위하고 있던 당시 태자였던 아신의 나이가 어느덧 열 살이 되었습니다. 그러자 아신을 둘러싼 세력이 늘어남과 동시에 기세 또한 높아져 갔습니다.

그러던 어느 날, 진사왕이 사냥에 나섰습니다. 나라의 내부 정세도 혼란스러운데다, 고구려의 공격이 예상되고 있는 위기의 순간에 사냥을 떠난 것입니다. 왕위 계승을 둘러싼 대신들 간의 세력 다툼을 보고는 모든 의욕을 잃어버렸는지도 모를 일이었지요.

예상했던 것처럼, 고구려가 무서운 기세로 쳐들어왔습니다. 고국원왕이 백제의 근초고왕과의 전쟁에서 목숨을 잃은 이후, 고구려는 제대로 된 복수를 하고 싶었던 것입니다.

광개토대왕은 백제의 진사왕이 전쟁 준비는커녕 사냥이나 즐기며 술에 취해 있는 날이 많다는 소문을 듣고는 군사 4만 명을 이끌고 백제를 공격했습니다.

진사왕은 그 때 사냥터에 있었습니다. 사냥을 따라 나선 군사들 중에는 태자 아신의 부하들도 상당수 있었습니다. 모두들 무기를 손에 쥐고 있는 상황에서 진사왕을 암살하기란 그다지 어려운 일이 아니었습니다.

    392년 11월, 진사왕은 궁궐이 아닌 사냥터에서 비참한 최후를 맞이하고 말았습니다.

고구려에 참패한 아신왕

광개토대왕과 아신왕

　침류왕의 맏아들이며 진사왕의 조카인 아신왕은, 아방왕 또는 아화왕이라고도 불립니다. 그는 아버지 침류왕이 세상을 떠났을 때 나이가 너무 어려 삼촌 진사왕에게 왕위를 넘겨줘야 했습니다. 그러나 392년 11월, 진사왕을 죽이고 왕위에 올랐습니다.

　어려서부터 영특했던 그는 매 사냥과 말 타기를 즐겼습니다. 고구려의 광개토대왕에게 빼앗긴 북방의 요새들을 되찾아 오기 위해 많은 노력을 기울이기도 했지요. 게다가 왕위를 되찾기 위해 삼촌인 진사왕을 죽였다는 비난을 받고 있는 상황이었으므로, 고구려와의 전쟁에서 반드시 승리할 필요가 있었습니다.

아신왕은 씩씩하고 도량이 넓어 많은 사람들이 따르는 외삼촌 진무를 좌장으로 삼아, 군사 1만 명을 주며 관미성을 수복하라는 명령을 내렸습니다. 그 때 이미 60세가 넘은 나이로 백발이 성성했던 진무는 뛰어난 전술로 관미성을 에워싸는 데는 성공했지만 무너뜨릴 수는 없었습니다.

그 결과 백제 군사의 사기는 점점 위축되었습니다. 게다가 예상보다 많은 시간을 소비하는 바람에 추위가 닥쳐오고 있었으며, 군량미도 바닥이 나는 바람에 철군할 수밖에 없었습니다. 사실상 패배한 전쟁이었던 것입니다.

고구려와의 대결에서 돌파구를 마련하지 못한 아신왕은 나라를 안정시키는 데 온 힘을 기울였습니다. 맏아들 전지를 태자로 책봉하고 동생 홍을 내신좌평에 임명했습니다.

다소간의 시간이 흘러 나라가 안정되고 백성들의 살림도 편안해지자, 이번에는 수곡성을 공격하라는 명령을 내렸습니다. 그러나 이번에도 고구려의 방어에 밀리고 말았습니다.

계속된 실패에도 불구하고 아신왕은 395년, 또다시 관미성을 공격했습니다. 이에 화가 난 광개토대왕이 직접 군사를 이끌고 나왔습니다.

"백제의 도성을 무너뜨리지 않으면 저들의 도전은 계속될 것이다! 이번에는 저들의 도성까지 함락시켜 버리자!"

광개토대왕은 아예 백제의 도읍인 한성까지 점령할 계획을 세우고 있었던 것입니다. 광개토대왕의 치밀한 작전 때문이었는지, 싸움이 시작된 지 얼마 되지 않아 백제의 성 50여 개와 7백여 개의 마을이 고구려의 수중으로 넘어가고 말았습니다.

백제의 궁궐에는 고구려 군사들이 도성 가까이 몰려왔다는 소문이 삽시간에 퍼졌습니다. 얼굴빛이 하얗게 질린 대신들에게 고구려 군대의 거칠 것 없는 공격에 대한 보고를 받은 아신왕은 항복을 결심했습니다.

"성문을 열어라. 내가 직접 나가 무릎을 꿇으리라. 그것만이 저들의 공격을 멈추게 하는 길일 것이다."

모든 신하가 통곡하며 말렸습니다. 하지만 이미 결심을 굳힌 아신왕은 천천히 성문 쪽을 향해 발걸음을 옮겼습니다.

결국 아신왕은 광개토대왕 앞에 무릎을 꿇고 말았습니다. 백제 입장에서 그 사건은 영원히 씻을 수 없는 치욕이었습니다.

아신왕이 무릎을 꿇고 항복을 선언하자, 광개토대왕은 얼굴 가득 흡족한 미소를 머금은 채 말했습니다.

"그대의 항복을 받아들이겠노라! 다만 백제의 왕족과 대신들 중

열 명을 고구려에 인질로 보내도록 하라. 그래야만 그대의 목숨이 보존될 것이다!"

아신왕은 광개토대왕의 요구에 응할 수밖에 없었습니다.

화려했던 백제의 전성기가 기울어져 가는 순간이었습니다.

복수를 꿈꾼 아신왕

"어떻게든 이 치욕을 되갚아 주리라!"

광개토대왕이 인질들을 이끌고 고구려로 돌아간 뒤, 분하고 억울한 마음에 아신왕은 온몸을 부들부들 떨었습니다.

"대 백제국의 왕인 내가 무릎을 꿇다니, 무슨 수를 써서라도 고구려를 정벌하고 말 것이야!"

복수의 칼날을 갈며 아신왕은 바다 건너 왜국과 손을 잡고 서로 돕는 것만이 고구려에 복수할 수 있는 유일한 길이라는 생각이 들었습니다. 그래서 태자를 왜국에 볼모로 보내고 원군을 청했습니다.

나라의 뒤를 이을 태자를 볼모로 보낸다는 것은 수치스러운 일이 분명했습니다. 하지만 아신왕의 머릿속에는 고구려를 향한 복수심만 차 있었습니다. 그래서 그는 원군을 청하는 사신과 함께 태자를 볼모로 보내고, 왜국과 힘을 합하게 되었습니다.

아신왕은 또한 국경에 성을 쌓는 등 전쟁 준비에 몰두했습니다. 그즈음 신라와 고구려는 동맹을 맺은 상태였습니다. 신라의 내물왕이 조카를 고구려에 볼모로 보내면서 동맹 관계가 형성되었다는 사실을 알게 된 아신왕은 신라를 먼저 공격하기로 마음먹었습니다. 전쟁 준비에 지친 백제의 백성들이 신라로 도망가고 있는 상황이라 명분 또한 있었던 것입니다.

399년, 아신왕은 왜국과 가야의 군사가 합해진 삼국 동맹군을 이끌고 신라를 향해 진군했습니다. 아무런 준비도 없었던 신라는 동맹군의 공격을 막아 낼 방법이 없었습니다.

결국 신라는 고구려에 도움을 청할 수밖에 없었고, 광개토대왕은 마치 기다리고 있었다는 듯, 군사 5만 명을 신라로 보내 주었습니다. 고구려 병사들의 용맹한 기세에 눌린 왜국과 가야는 슬그머니 발을 빼기 시작했습니다.

신라 정복을 눈앞에 둔 상황에서 왜나라 병사들은 바다 건너 고국으로 돌아가 버렸고, 고구려 군에게 성을 빼앗긴 가야는 더 이상 반항할 기력조차 없었습니다.

아신왕의 첫 번째 복수는 실패로 끝나고 말았습니다.

하지만 아신왕은 포기하지 않았습니다.

복수가 실패로 끝난 지 불과 얼마 지나지 않아 왜나라에 사신을 보내 신라가 아닌 고구려 공격을 제안했고, 서기 404년 가야와 힘을 모아 두 번째 공격을 시도한 것입니다.

이 전쟁에서 아신왕은 고구려에 빼앗긴 지역 일부를 되찾을 수 있었습니다. 고구려가 대륙의 후연과 싸우느라 병력을 북방에 집중시킨 탓에 가능했던 일이었습니다.

백제를 중심으로 한 삼국 동맹군이 국경을 넘어 고구려의 성을 빼앗아 갔다는 보고를 받은 광개토대왕은 화가 머리끝까지 치밀어올랐습니다. 지난 날 목숨을 살려 준 은혜를 갚기는커녕 도리어 전쟁을 일으킨 아신왕을 용서할 수가 없었습니다.

　북방에 있던 광개토대왕은 대신들의 만류를 뒤로 한 채 직접 군사를 이끌고 전쟁터에 도착했습니다. 삼국 동맹군은 광개토대왕이 이끄는 정예 부대의 적수가 될 수 없었습니다. 결과는 신라를 공격했던 몇 년 전과 다를 것이 없었던 것입니다.

　아신왕은 광개토대왕에게 복수를 하기 위해 발버둥쳤지만, 손에 쥔 것이라고는 아무것도 없었습니다. 그는 군사를 돌려 한성으로 돌아온 다음 해인 405년 9월, 한 많은 삶의 끈을 놓고 말았습니다.

실권이 없었던 전지왕

힘 없는 왕과 나라의 혼란

갑작스럽게 사망한 아신왕 문제로 백제 왕실과 조정은 어수선해졌습니다. 이미 태자는 왜에 볼모로 가 있는 상태였기 때문에 임시로 나랏일을 맡은 사람은 아신왕의 동생인 훈해였습니다.

훈해는 태자가 돌아오기를 기다리면서 임시 섭정에 들어갔습니다. 그런데 아신왕의 아들 가운데 진씨 귀족을 외척으로 둔 혈례가 삼촌인 훈해를 죽이고 왕위에 오르는 사건이 터졌습니다.

이미 태자로 책봉되어 볼모로 보내진 태자의 외척은 해씨 귀족이었으므로, 해씨와 진씨는 왕위를 놓고 싸움을 벌이지 않을 수 없었습니다.

아신왕이 태자를 책봉했으니 마땅히 다음 왕위는 태자가 이어받아야 한다고 해씨 귀족들이 주장했지만, 그 때 이미 권력을 쥐고 있던 진씨 귀족들은 순순히 인정하려 하지 않았던 것입니다.

그러나 이 싸움은 해씨 귀족의 승리로 끝났습니다. 힘겨운 볼모 생활을 하고 돌아온 태자에게 백성들은 아낌없는 지지를 보냈던 것입니다.

태자는 부왕이 세상을 떠났다는 소식을 듣자 일본 국왕의 허락을 얻어 임신 중인 팔수 부인과 함께 호위병 1백 명을 데리고 일본을 떠났습니다. 볼모로 떠난 지 8년 만의 귀향이었습니다.

일본을 떠나 백제로 향하던 태자 일행이 탄 배가 한강 근처까지 왔을 때였습니다. 작은 배 한 척이 태자가 탄 배 쪽으로 다가왔습니다. 그 배에는 태자를 마중하기 위해 나온 해충이란 신하가 타고 있었습니다.

그는 지금 백제에서 진씨와 해씨 가문 사이에서 벌어지고 있는 사건을 전하며 잠시 안정을 취하며 기다려 달라는 말을 했습니다.

오랫동안 고국을 떠나 있었으므로 나라 안의 사정을 알 길 없는 태자는 얼마 동안 그 곳에서 머물렀습니다. 그러다가 혈례가 죽었다

　는 소식을 듣자 해충의 안내를 받으며 위례성으로 들어가 가까스로 왕위에 오를 수 있었습니다.

　아신왕의 맏아들로 이름이 '영'인 태자는 태자로 책봉되고 나서 3년 후 일본에 볼모로 보내졌다가 8년 만에 돌아와 혈례의 반란이 평정된 이후에야 백제의 왕이 될 수 있었습니다.

　그러나 전지왕은 힘들게 왕위에 오르긴 했지만, 무슨 일에도 힘을 쓸 수 없는 허수아비 같은 왕이었습니다. 어린 나이에 백제를 떠났기 때문에 나라 안에는 그를 지지하는 세력이 없었고, 주변 정세에도 어두웠으며, 왕위를 찾아 준 해씨 세력의 힘도 무시할 입장이 아니었습니다. 당연히 모든 권력은 해씨 귀족들에게 넘어갈 수밖에 없었습니다.

전지왕은 혈례 세력을 누르고 왕위를 찾는 데 큰 역할을 한 부여신을 상좌평에 임명했습니다. 그리고 자신을 마중 나와 주고 안전하게 보호해 준 해충을 달솔로 삼고 벼 1천 석을 내렸습니다.

408년, 상좌평이 된 부여신은 정치적인 수완이 뛰어난 사람이었습니다. 그가 나랏일을 도맡아 했기 때문에 전지왕은 그야말로 허수아비 같은 왕이었습니다.

전지왕은 부인이 왜국의 공주였으므로 왜국과는 특별히 가까운 관계를 유지했습니다. 더불어 주변의 다른 나라들과도 특별한 전쟁을 치르지 않았습니다.

내세울 만한 특별한 업적도 없고, 그렇다고 결정적인 실수도 하지 않았던 전지왕은 서기 420년에 세상을 떠났습니다.

무능력한 구이신왕

불행했던 임금

전지왕이 왜국에서 돌아올 당시 팔수 태후의 뱃속에 있었던 구이신왕은 405년에 태어나 전지왕이 세상을 떠나자 16세의 어린 나이로 왕위에 올랐습니다. 그러나 나이가 어렸으므로 사실상의 권력은 어머니 팔수 태후에게 있었습니다.

왜국의 공주였던 팔수 태후는 아들이 왕위에 오르자 마음대로 왕권을 휘두르며 '목만치'라는 사람을 궁궐로 불러들였습니다. 목만

치는 일본인 아버지와 신라인 어머니 사이에서 태어난 인물로, 전지 왕이 살아 있을 때 총애를 받은 사람이었습니다.

팔수 태후의 부름으로 궁궐에 들어온 목만치는 행실이 몹시 거칠었습니다. 팔수 태후와 정을 주고받는 사이임을 앞세워 내키는 대로 조정 일에 끼어드는가 하면, 중요한 나랏일을 스스로 결정하는 등 임금처럼 굴기까지 했습니다.

하지만 백제 왕실과 관료들이 힘을 합해 팔수 태후의 부정한 행동을 제지하고, 목만치의 궁궐 출입을 금지시켜 버렸습니다. 갑자기 오갈 데가 없어진 목만치는 그 길로 고국인 왜나라로 돌아가 버렸습니다.

한편, 대신들의 도움으로 어머니 팔수 태후의 치마폭을 벗어난 구이신왕은 황해 연안의 해상 무역권 유지와 고구려를 막기 위해 많은 노력을 기울였습니다.

특히 고구려가 대륙의 북조와 동맹을 맺고 세력을 확장할 기미를 보이자, 백제의 구이신왕은 송나라와 긴밀한 관계를 유지하기 위해 많은 노력을 기울였습니다. 423년과 425년에 사신을 파견한 이후, 매년 친선을 위한 사신 파견을 거르지 않았습니다.

하지만 구이신왕은 왕위에 오른 지 8년 만에 세상을 떠나고 말았습니다. 한 나라의 왕이었음에도 불구하고, 구이신왕이 무엇 때문에 죽었는지는 밝혀지지 않았습니다.

'나제 동맹'과 비유왕

외교에 눈을 뜬 왕

구이신왕의 갑작스러운 죽음과 함께 왕위에 오른 비유왕은, 천재지변 때문에 농사를 망친 백성들에게 곡식을 나누어 주는 등 민심을 달래기 위해 많은 신경을 썼습니다.

나아가 팔수 태후와 목만치의 어긋난 행각으로, 구이신왕이 살아 있을 때는 나라가 무척 혼란스러웠습니다. 그래서 나라 밖의 사정은 살필 겨를조차 없었습니다.

비유왕은 즉위하자마자 외교 관계에 온 힘을 쏟았습니다.

특히 송나라와 가깝게 지내기 위해 많은 노력을 기울였습니다. 429년에 송나라에 사신을 파견한 뒤, 440년에도 사신을 보내 친교를 다졌습니다. 백제의 노력 덕분에 백제와 송나라의 동맹 관계는 꾸준히 유지되었습니다.

비유왕은 왜나라와의 관계에도 소홀하지 않았습니다. 다만 고구려만은 견제를 했습니다. 백제의 적국은 오직 고구려라는 생각을 갖고 있었고, 고구려를 견제하기 위해서는 주변의 여러 나라들과 화친을 맺어 고립시켜야 한다고 생각했던 것입니다.

그런데 나라 하나가 더 있었습니다. 바로 신라였지요. 신라와 화친을 맺어야 고구려를 뺀 모든 나라가 백제 편이 될 수 있다는 생각에, 비유왕은 433년에 신라의 눌지왕에게 사신을 보내 화친을 제안했습니다.

본래 고구려와 동맹을 맺고 있었던 신라와 백제는 사이가 좋지 못했습니다. 그러나 고구려는 영토를 남쪽으로 넓히기 위한 끊임없는 시도를 하고 있었습니다.

고구려의 그러한 정책은 신라 입장에서 위협적일 수밖에 없었습니다. 따라서 눌지왕은 백제의 제안을 받아들였습니다. 신라로서는 언제까지나 고구려에 묶여 있을 수는 없다고 판단했던 것입니다.

마침내 신라와 백제의 동맹, 즉 나제 동맹이 맺어졌습니다. 나제

동맹으로 한반도 중남부의 정세는 완전히 뒤바뀌었습니다. 신라와 고구려에 포위되었던 백제는 신라와 함께 고구려에 대항하는 관계가 되었습니다.

나아가 서로 적대 관계였던 신라가 백제와 동지가 되었습니다. 이 역사적인 동맹을 기념하여 비유왕은 신라에 좋은 말 두 필과 흰 매를 선물했고, 신라는 황금과 명주를 답례로 보내왔습니다.

나제 동맹은 남쪽으로 향하고 있는 고구려의 팽창을 막기 위한 백제와 신라의 연합이었는데, 두 차례에 걸쳐서 맺어졌습니다. 첫 번째 동맹은 낙랑과 대방이 멸망하고 고구려와 백제, 신라가 국경을 마주하게 되던 4세기 초부터 말까지였습니다.

고구려는 4세기 초에 한반도 남쪽으로 세력을 뻗치려 했는데, 당시 고구려와는 반대로 북진을 추진하던 백제와 당연히 부딪칠 수밖에 없었습니다. 마침 이 때 국력이 강해진 신라가 고구려의 간섭으로부터 벗어나고자 할 때였는데, 백제의 근초고왕이 신라의 내물왕에게 화친을 청하는 사신을 파견한 것입니다. 이 일로 백제는 신라를 믿고 고구려와 맞설 수 있었습니다.

그런데 신라의 내물왕은 말기에 다시 고구려에 접근하기 위해 백제를 멀리했습니다. 그러자 화가 난 백제는 왜와 가야를 끌어들여 신라를 공격했고 신라는 고구려에 구원 요청을 했습니다.

당시 고구려는 장수왕 때부터 적극적인 남하 정책을 폈는데, 이것은 백제는 물론 고구려의 보호 아래 있던 신라에도 큰 위협이었습니다. 백제는 신라와 북위와 함께 힘을 합쳐 고구려에 맞설 계획을 세웠습니다. 그래서 마침내 신라와 동맹을 맺기에 이른 것입니다.

이 때가 백제 비유왕 7년, 신라 눌지왕 17년 때였습니다.

백제와 신라의 동맹은 고구려의 남하를 막는 데 성공했습니다. 그러나 잘생긴 용모에 마음씨까지 고와서 백성들에게 존경을 받았던 비유왕은 나제 동맹을 맺는 데 성공할 무렵 갑자기 세상을 떠났습니다.

# 고구려의 포로가 된 개로왕

백제의 혼란과 개로왕

비유왕의 장남으로 어렸을 때 '경사'라는 이름으로 불렸던 개로왕은 근개루왕으로 불리기도 했습니다.

5세기 후반, 전성기를 맞이한 고구려 장수왕과 한강 유역을 놓고 힘을 겨루게 되었습니다. 이에 개로왕은 쌍현성과 청목령을 강화하고 북한산성에 많은 군대를 배치하는 등 고구려의 침입에 대비한 정책을 폈습니다.

개로왕이 왕위에 오를 당시 백제는 아주 혼란스러운 상황이었습니다. 들판에서 발견된 비유왕의 시신이 개로왕 즉위 21년에야 왕릉으로 옮겨진 것만 보아도, 개로왕 역시 제대로 된 권력을 쥐지 못했음을 알 수 있습니다.

군대를 재정비하고 성을 쌓는 등 준비를 마친 개로왕은 고구려를 공격하기 위해 여러 차례 북위에 사신을 보내 원군을 청했습니다. 당시 힘을 키운 북위가 고구려와 신경전을 벌이고 있었으므로, 백제와 힘을 합친다면 이길 승산이 있다고 생각했기 때문이었습니다.

472년에 백제가 사신을 보내자, 북위는 늘 신경이 쓰였던 고구려를 견제하자는 백제의 제안이 반가울 수밖에 없었습니다. 그러나 백제와 뜻을 함께하겠다는 편지를 가진 북위의 사신은 끝내 백제에 다다를 수 없었습니다.

북위와 백제가 힘을 합치려 한다는 사실을 눈치챈 고구려가 중간에 길을 막아 버렸기 때문이었습니다. 게다가 두 번째 사신은 풍랑으로 백제까지 들어갈 수가 없었던 것입니다.

이런 사실을 알 리 없는 개로왕은 북위가 백제의 제안을 받아들이지 않는 걸로 알고 더 이상 사신을 보내지 않는 대신 북위와의 모든 관계를 끊어 버렸습니다. 백제의 비참한 운명이 예고되는 순간이었습니다.

엎친 데 덮친 격으로, 북위의 황제 역시 고구려의 눈치를 살피다가 백제의 개로왕이 사신을 보내 왔던 사실을 일러 버렸습니다. 그러자 장수왕은 백제가 고구려를 치기 위해 북위와의 연합을 적극적으로 추진했다는 사실에 크게 분노했습니다.

그러나 섣불리 전쟁을 선포하지는 않았습니다. 유리한 입장에서 전쟁을 하려면 적국을 약하게 만들어 민심을 어지럽혀 놓은 뒤가 좋다는 판단을 내린 장수왕은 신하들과 그 방법을 의논했습니다.

그 때 백제의 개로왕이 바둑을 좋아다는 정보가 들어왔습니다. 바둑이라면 나랏일을 뒤로 미룰 만큼 좋아한다는 개로왕의 마음을 사로잡으려면 바둑 솜씨가 뛰어난 사람이 필요했습니다.

"도림 스님을 부르십시오. 그는 뛰어난 바둑 솜씨에다 말솜씨가 좋아, 사람의 마음을 자기편으로 만드는 데 탁월하다고 하옵니다. 더구나 승려의 신분이니 의심도 덜 받을 것입니다."

신하의 말을 들은 장수왕은 즉시 도림 스님을 궁궐로 불러들였습니다. 그런 다음 자신의 뜻을 말한 뒤 고구려에서 도망친 사람인 것처럼 꾸며 백제로 보냈습니다.

"내가 그대를 백제로 보내는 것은 나라의 중대사를 함께하겠다는 의지요. 무슨 수를 써서라도 백제 왕과 친분을 쌓아야 하오. 그대가 바둑에 탁월한 솜씨를 가졌다고 하니 어떻게든 백제 왕이 바둑에 빠져 나랏일에 신경을 쓰지 못하도록 해야 할 것이오."

장수왕이 간곡하게 부탁했습니다. 이에 도림 스님은 나라의 은혜를 갚을 수 있는 길을 열어 줘서 감사하다는 말을 남긴 채 홀연히 길을 떠났습니다.

백제로 들어간 도림 스님은 자신이 고구려에서 도망쳐 온 사람임을 말한 뒤, 백제 왕께 드릴 선물이 있다는 글을 개로왕에게 올렸습니다.

"그래, 나에게 줄 선물이란 게 무엇이오?"

얼마 뒤 도림 스님을 백제 궁궐로 불러들인 개로왕이 미심쩍은 표정으로 도림에게 물었습니다.

"예, 소승은 고구려 왕의 미움을 받아 이 곳 백제로 도망 온 신세이옵니다."

"그건 이미 알고 있소. 그런데 내게 줄 선물이란 게 도대체 무엇이오? 도망친 사람이 무엇을 갖고 왔다는 말인지, 그게 궁금하오."

도림 스님은 가지고 있던 보따리를 풀었습니다.

"아니? 그건 바둑판이 아니오?"

도림 스님이 푼 보따리 속을 바라보던 개로왕의 눈이 커졌습니다.

"그러하옵니다."

"그대가 내게 선물하겠다는 것이 이것이오?"

"예, 폐하!"

도림 스님은 바둑판과 바둑알을 바라보는 개로왕의 눈길을 주의 깊게 살폈습니다. 개로왕은 바둑판과 바둑알을 찬찬히 만져 보고 있었습니다. 고구려에서도 최고로 잘 만든 바둑판을 만지고 있는 개로왕의 눈빛이 빛나고 있음을 금방 느낄 수 있었습니다. 때를 놓치지 않고 도림 스님이 말했습니다.

"폐하, 소승이 바둑을 좀 둘 줄 아옵니다. 원하신다면 바둑으로 폐하께 즐거운 시간을 마련해 드리고 싶사옵니다."

"그럼 한 판 두어 볼까?"

두 사람은 당장 바둑 대결에 들어갔습니다. 개로왕의 바둑 실력은 뛰어났습니다. 하지만 도림 스님이 그보다는 몇 수 위였습니다.

바둑을 두어 본 개로왕은 도림 스님의 실력을 칭찬하면서 도림을 궁궐에 머물게 했습니다.

"바둑을 수없이 둬 왔지만, 그대 같은 상대는 처음이구려. 정말 대단한 실력을 가지셨소. 이제부터 나와 함께 대궐에 머물면서 언제든 내 바둑 벗이 되어 주시오."

그 때부터 개로왕과 도림 스님은 벗처럼 친숙한 사이가 되었습니다. 바둑도 잘 두는 데다 학문과 인품까지 뛰어난 도림 스님을 친구처럼 느끼게 된 개로왕은 이제야 두 사람이 만난 걸 한탄하기까지 할 정도였습니다.

개로왕이 자신에게 큰 믿음을 가지고 있다는 사실을 알게 된 도림 스님이 어느 날 바둑을 두다가 개로왕에게 아뢰었습니다.

"폐하, 도망쳐 온 저를 이렇게까지 가까이 두시고 아껴 주시니 그

은혜 실로 갚을 길이 없사옵니다. 그래서 오늘은 긴히 폐하와 백제에 도움이 될 만한 말씀을 드리고자 합니다."

"그대의 말이라면 분명 나와 이 나라에 이익이 될 게 틀림없을 것이오. 어서 말해 보시오."

도림 스님은 그 동안 계획해 온 말을 꺼냈습니다.

"백제는 아무도 넘보지 못할 요새가 분명하고, 그런 나라의 왕이신 폐하를 모두가 우러러보고 있습니다. 그런데 그런 명성에 비해 궁궐이 너무 초라한 것 같습니다. 고구려만 하더라도 임금이 있는 궁궐은 왕권을 드러내는 곳이므로 크고 화려하게 지어져 있습니다.

게다가 무슨 연유에서인지는 몰라도 선왕의 시신이 아직도 들판에 버려져 있으니 대제국 백제와는 어울리지 않는 일로 생각됩니다."

한참 동안 이야기를 듣고 있던 개로왕의 얼굴이 환하게 펴지더니 도림 스님의 손을 잡았습니다.

"그대는 역시 진정한 내 벗이 맞소이다. 이처럼 나와 우리 백제를 걱정해 주니 고맙소. 그대의 뜻대로 대궐을 웅장하게 짓고 선왕을 위한 왕릉을 만들겠소."

그 날 이후 백제는 모든 일을 제쳐두고 궁궐과 왕릉을 짓는 일에 온 신하와 백성들이 동원되었습니다. 당연히 나라 사정은 엉망이 되었습니다.

"농사짓기에도 바빠 죽겠는데 날마다 흙을 굽고 돌을 나르라니, 이래가지고서야 어찌 살 수 있겠는가."

"멀쩡한 대궐을 더 크고 화려하게 치장하느라 백성들이 굶는 건 안중에도 없구먼."

개로왕에 대한 신하와 백성들의 원망은 날이 갈수록 커져만 갔습니다.

사정을 살피던 도림 스님은 자기의 뜻대로 백제가 혼란스러워지자 슬며시 백제 궁궐을 빠져나가 고구려로 돌아갔습니다.

도림 스님에게서 백제의 사정을 들은 장수왕은 475년 9월, 3만 명의 군사를 이끌고 백제로 쳐들어왔습니다.

고구려가 쳐들어오고 있다는 소식을 들은 개로왕은 정신이 번쩍 들었습니다.

"폐하, 도림 스님이 다시 고구려로 도망쳤사옵니다. 그자는 고구려의 첩자였습니다."

"뭐라고? 내가 속았구나, 속았어. 고구려에서 보낸 첩자인 줄도 모르고 이런저런 나라 사정을 다 말해 버렸으니, 이를 어찌한단 말인가."

한숨을 쉬며 땅을 쳤지만 이미 때는 늦었습니다. 전쟁 준비는커녕 궁궐을 새로 짓고 왕릉을 만드느라 국력이 낭비되었기 때문에 전쟁에서 질 것은 뻔한 일이었습니다.

개로왕은 당시 상좌평으로 있던 문주를 불렀습니다.

"내가 어리석어 첩자에게 빠져 나라를 망쳤구나. 나는 끝까지 위례성을 지키다 백제와 운명을 같이 할 것이니 너는 지금 도망가거라. 그래서 다시 왕실을 세워야 한다."

문주는 혼자서는 갈 수 없다고 우겼지만 개로왕의 성화에 못 이겨 신하들을 이끌고 남쪽으로 도망쳤습니다.

백제 위례성은 일주일 만에 고구려 군대에게 함락되었습니다. 개로왕은 힘겹게 성을 빠져 나갔지만 아차산성 밑에서 붙잡히고 말았습니다.

개로왕은 장수왕 앞에 끌려가 목이 잘려 죽었는데, 고구려는 개로왕의 시신조차 백제에 돌려주지 않았습니다. 백제왕들 가운데 가장 비참하게 죽은 왕이 된 것입니다.

한편, 남쪽으로 내려간 문주는 살아남은 백성들과 함께 지금의 공주인 웅진에 임시 도읍을 정했습니다. 거기서 개로왕이 비참하게 죽고 위례성이 함락되었다는 소식을 들었습니다.

도미 부인의 정절

개로왕이 백제를 통치하고 있을 때, 한성 근처에 의리가 강한 도미라는 사람이 살고 있었습니다. 도미에게는 빼어난 미모를 가진데다, 고운 행실과 절개가 강한 아내가 있었습니다.

어느 날 개로왕이 도미 부인에 대한 소문을 듣게 되었습니다.

"그렇게 빼어난 미색이란 말이냐? 게다가 행실까지 그렇게 곱다면 내가 한번 보고 싶구나."

개로왕은 도미를 궁궐로 불렀습니다.

"너의 부인에 대한 소문을 들었다. 하지만 아무리 아름답고 정숙하다고 해도, 이 나라의 왕인 내가 유혹한다면 넘어오지 않겠느냐?"

개로왕의 호언장담을 들은 도미가 대답했습니다.

"아무리 왕이라고 하셔도 제 아내는 저에 대한 일편단심의 정절을 무너뜨리지 않을 것입니다."

"그래? 그렇다면 그대는 일단 이 곳에 있으라. 내가 그대 부인을 직접 만나 보리라."

개로왕은 도미를 궁궐에 둔 뒤 도미 부인을 찾아갔습니다.

"그대의 미모에 대한 소문을 오래 전부터 들었느니라. 그래서 그대의 남편을 불러내 장기를 두었는데 내가 이겼다. 오늘 밤부터 그대는 궁인이 되었으니 그리 알아라."

도미 부인은 갑작스러운 상황에 몹시 놀랐으나, 우선은 피하고 봐야겠다는 생가에 마음을 가라앉히고 말했습니다.

"어찌 왕의 명령에 제가 거역할 수 있겠습니까? 하오나 지금 제 몸이 너무 더러우니 왕께서 먼저 방에 들어가 계십시오. 그러면 깨끗하게 단장한 뒤에 정성껏 모시겠습니다."

도미 부인의 말을 그대로 믿은 개로왕은 방에 들어가 깨끗하게 치장하고 나올 도미 부인을 기다렸습니다.

왕이 기다리는 동안 도미 부인은 하녀를 불렀습니다.

"너도 짐작하겠지만 지금 나는 큰 위험에 빠졌다. 아무리 왕이라고 해도 남편이 있는 여자로서 몸을 더럽히느니 차라리 죽음으로써 정절을 지키는 게 마땅할 것이다. 하지만 서방님의 생사를 알 수 없으니 이러지도 저러지도 못 할 일이다. 혹시 살아 계신다면 나의 죽음으로 인해 왕으로부터 큰 피해를 보지 않겠느냐? 네가 날 도와 준다면 이 은혜는 절대 잊지 않으마."

어려서 부모를 잃고 도미 내외의 보살핌을 받아 온 하녀는 기꺼이 도미 부인의 청을 들어주겠다고 했습니다. 하녀는 도미 부인의 옷으로 갈아입고 도미 부인과 함께 왕이 기다리고 있는 방으로 갔습니다.

방 앞에서 도미 부인이 안을 향해 수줍은 목소리로 말했습니다.

"국왕을 모시는 큰 은혜를 입게 되어 영광이옵니다. 하오나 소인이 보잘 것 없는 몸이라 심히 부끄러우니 등불을 끄시어 저의 부끄러움을 가려 주십시오."

사정을 알 리 없는 개로왕은 얼른 불을 꺼 주었습니다. 방의 등불이 꺼지자 도미 부인은 하녀를 방에 들여보낸 뒤 앞날을 궁리하기 시작했습니다.

한편 개로왕은 방으로 들어온 하녀를 도미 부인인 줄 알고, 도미에게 보여 줄 증거로 그녀의 속옷을 가지고 궁궐로 돌아갔습니다.

궁궐로 돌아온 개로왕이 도미를 불러 속옷을 보여 주었습니다.

"어떠냐? 네 부인의 것이 맞지 않느냐?"

왕이 내민 여자의 속옷을 본 도미는 그만 풀썩 주저앉아 눈을 감고 말았습니다.

"하하하! 아무리 정절이 굳다고 해도 왕의 청을 거절할 여인이란 없다."

개로왕의 큰소리에 도미가 다시 속옷을 바라보았습니다. 그러다 속으로 가슴을 쓸어내렸습니다. 그것은 부인의 것이 아니었던 것입니다. 도미는 웃음이 나왔습니다.

"너무 기가 막혀 웃음이 나는 게냐?"

도미의 웃음을 본 개로왕이 물었습니다.

"폐하. 폐하께선 속으셨습니다. 그것은 제 부인의 것이 아닙니다. 남편인 제가 어찌 그걸 모르겠습니까?"

"뭐라고? 이런 괘씸한 것들이 있나?"

개로왕은 그제야 자신이 속은 것을 알고 얼굴을 일그러뜨리며 펄쩍펄쩍 뛰었습니다.

"여봐라! 저 건방진 놈의 눈알을 뺀 다음, 두 손을 꽁꽁 묶어 배에 태워 강물에 띄워 보내도록 하라."

정신을 못 차릴 만큼 분에 겨워 날뛰는 왕을 막을 사람은 아무도 없었습니다. 도미는 왕의 명령에 따라 두 눈을 잃고 배에 실려 강물에 띄워졌습니다.

도미를 내친 다음 개로왕은 도미의 아내를 궁궐로 끌어오게 했습니다. 군사들이 집으로 들이닥치자 조마조마한 마음으로 남편이 돌아오기를 기다리고 있던 도미 부인은 큰일이 벌어졌음을 느끼고 군사들에게 사정을 했습니다.

"순순히 따라갈 테니 제 남편의 소식이나 알려 주세요."

그러나 군사들은 차마 도미의 소식을 전해 줄 수 없었습니다. 도미가 눈을 잃고 강물에 버려졌다는 사실을 알면 도미 부인이 스스로 목숨을 끊으려 할지도 몰랐기 때문이었습니다.

"우린 일개 군졸일 뿐인데 어찌 다 알겠소? 어서 서둘러 가기나 합시다. 부인이 순순히 임금의 말을 들으면 남편이 화를 면할 수도 있지 않겠소?"

군사들의 말에 도미 부인은 모든 걸 체념하고 궁궐로 따라갔습니다. 궁궐에 도착하자 눈에 핏발이 선 채 온몸을 부르르 떨며 개로왕이 나왔습니다.

"네 이년! 네가 감히 왕인 나를 속여? 괘씸한 것. 그래, 이번에도 나를 거절할 테냐? 만약 그렇다면 너도 네 남편 꼴을 못 면할 것이다!"

개로왕의 말에 도미 부인은 머리가 텅 비는 것 같았습니다. 네 남편 꼴을 못 면할 것이라니! 도대체 어떻게 됐단 말인가?

도미 부인이 숨도 못 쉬고 생각에 잠겨 있는데 다시 개로왕의 목소리가 들렸습니다.

"여봐라! 이년의 남편 눈알을 갖다 보여 줘라."

궁녀가 쟁반에 담아 온 두 눈을 본 도미 부인은 그만 그 자리에서 기절하고 말았습니다. 잠시 뒤 가까스로 깨어났지만 눈물은 멈추지 않았습니다.

'여보, 당신 죽은 건가요? 이제 저는 어떡하면 좋아요? 당신을 죽이고 저를 탐하는 저 왕을 제가 어떻게 해야 하는 건가요?'

그 때 어디선가 남편의 목소리가 들리는 듯했습니다. 그는 눈앞이 캄캄하다며 손을 잡아 달라고 부르짖고 있었습니다. 꿈인 듯 생시인 듯 들려오는 남편의 목소리를 듣자, 도미 부인은 갑자기 어떤 생각이 떠올랐습니다.

'그래, 만약에 왕이 남편을 죽였다면 분명 목을 보여 주었을 것이다. 그런데 왕은 남편의 눈알을 보여 주었어. 결국 남편은 살아 있는 것이다. 살아서 나를 기다리고 있는 게 분명해. 내가 남편의 눈이 되어 그를 지켜 줘야 해.'

그렇게 생각을 정리한 도미 부인은 마음을 추슬러 왕 앞으로 나아갔습니다. 그리고 공손하고 상냥한 목소리로 말했습니다.

"폐하, 지난번에는 지아비가 있는 몸이라 부득이 폐하를 속일 수밖에 없었사옵니다. 하지만 지금은 남편을 잃었으니 홀몸입니다. 그래서 이제는 폐하를 모실 수 있는 몸이 됐습니다. 그러나 지금은 경황이 없어 그대로 오느라 몸이 깨끗하지 못합니다. 목욕재계한 뒤 다음 날 다시 오겠사옵니다."

"그래? 한 번 더 믿어 보마. 그렇게 하도록 하라."

개로왕은 도미 부인의 상냥한 목소리와 태도에 마음이 놓여 허락했습니다. 궁궐에서 나온 도미 부인은 그 길로 도망쳤습니다. 그리고 도미의 행방을 수소문했습니다.

그러자 도미가 개로왕에게 두 눈을 뺏기고 두 손이 묶인 채 작은 배에 실려 강으로 떠내려갔다는 이야기가 들렸습니다. 도미 부인은 강가로 달려갔습니다. 그러나 강가에는 아무런 흔적도 없었습니다.

"여보! 도대체 어디를 떠돌고 계시는 겁니까?"

도미 부인은 강가에 주저앉아 하늘을 보고 통곡했습니다. 그 때 갑자기 어디선가 조각배 한 척이 물결에 떠밀려 내려왔습니다. 도미 부인은 이상하다고 여겨 재빨리 그 배에 탔습니다. 도미 부인이 타자 조각배는 바람보다 빨리 물살을 헤치고 달려 천성도라는 섬에 닿았습니다.

섬에 닿은 배가 더 이상 움직이지 않자 도미 부인은 배에서 내렸습니다. 낯선 섬을 이리저리 둘러보던 도미 부인의 눈에 바다 쪽을

향해 하염없이 앉아 있는 한 남자가 들어왔습니다.

'아니? 저 사람은?'

도미 부인은 깜짝 놀랐습니다. 분명히 남편이었습니다. 헛것을 본 게 아닌가 의심스러워 눈을 비비고 또 봐도 분명 남편이었습니다.

"여보, 당신 살아 있었군요. 분명히 제 남편 맞지요?"

도미 부인이 소리치자 남자가 돌아보았습니다.

"누구요? 이 목소리는 내 아내의 목소리와 똑같은데."

"지예요. 당신 아내라고요!"

두 사람은 얼싸안고 한참을 울었습니다. 그리고 다시 배를 타고 고구려를 향해 떠났습니다. 고구려에 당도하자 이들 부부를 불쌍히 여긴 사람들이 먹을 것을 주는 등 보살펴 주었습니다.

도미와 그의 아내는 한평생 서로 의지하며 어디 한곳에 정착하지 않고 떠돌며 살았습니다.

# 도읍을 옮긴 문주왕

도성을 웅진으로 옮긴 왕

비유왕의 둘째 아들이며 개로왕의 아우인 문주왕은, 장수왕이 475년 군사 3만 명을 이끌고 한성에 쳐들어왔을 당시 백제의 상좌평으로 있었습니다.

그는 패전으로 혼란에 빠진 민심을 수습하는 데 온 힘을 기울였습니다. 그러나 문주왕의 앞날은 그리 밝지 않았습니다. 왕실과 백성들이 백년 도읍지였던 한성을 빼앗긴 충격에서 헤어나지 못하고 있는 사이 귀족들은 각각 힘겨루기에 바빴던 것입니다.

한강 유역에서 내려온 사람들 중에는 왕족인 부여씨나 옛 귀족 세력인 해씨, 진씨 등 부여족 계통의 사람들이 많았습니다. 이들은 이미 남부에 정착해 권력을 잡고 있던 사택씨나 연씨 등 마한계 세력과 갈등을 일으켰습니다. 거기다 부여족 계통의 지배층 안에서도 갈등이 커졌습니다.

왕실의 권위가 약해질 대로 약해진데다 지배층 안에서의 갈등까지 커지자, 나라는 질서를 잡을 수조차 없었습니다. 문주는 개로왕으로부터 남쪽으로 피난 갔다가 때를 보아 나라를 다시 세우라는 명을 받고 신라로 가서 도움을 청했습니다.

신라의 자비왕은 군사 1만 명을 내주었습니다. 그러나 문주가 백제로 돌아왔을 때는 이미 개로왕은 죽은 후였고, 한성은 예전의 모습을 찾아볼 수 없었습니다.

시름에 빠진 문주는 도읍을 지금의 공주인 웅진으로 옮겼습니다. 기원전 6년 이후 오백 년 동안 지속됐던 백제의 한성 시대는 그렇게 막을 내렸습니다.

왕위에 오른 문주왕은 외교를 통해 무너진 국력을 회복하기 위해 남송에 사신을 보냈습니다. 그러나 고구려 수군이 뱃길을 막고 있어 사신은 그냥 돌아올 수밖에 없었습니다. 당시 막강한 군사력을 자랑하며 바다를 지배하고 있던 고구려 수군은 백제가 마음대로 중국을

102 • 문화 예술의 강국 **백제**

드나들지 못하게 했던 것입니다.

도읍을 옮겨 왕실을 보존했지만 강력한 왕권을 행사할 수 없는 처지에 이르고 만 문주왕은, 자신의 아우인 곤지를 내신좌평에 임명하고 임걸 왕자를 태자로 책봉했습니다.

그러나 내신좌평을 맡아 애쓰던 곤지가 1년 만에 죽고, 실질적인 권력을 쥐고 있던 병관좌평 해구가 보낸 자객에게 문주왕마저 살해당하고 말았습니다.

문주왕이 해구의 세력에 의해 살해당하자, 진씨 귀족들이 당시 13세이던 문주왕의 아들 삼근을 새로운 왕으로 내세우고자 했습니다. 이러한 마음을 읽은 해구는 대두성에서 반란을 일으켰습니다.

그러나 해씨와 진씨 귀족들의 권력 다툼으로 덕솔 진로가 해구를 죽이면서, 마침내 진씨 귀족들이 승리하며 삼근이 왕으로 즉위했습니다.

# 나이 어린 삼근왕

불안한 나라

 삼근왕은 문주왕의 맏아들로, 477년 문주왕이 해구가 보낸 자객의 손에 세상을 떠나자 13세의 어린 나이에 왕이 되었습니다.

 당시 모든 권력을 쥐고 있던 해구에 가려져 왕으로서의 아무런 권한을 행사할 수 없었던 것은 물론, 해씨 세력에 대한 백성들의 불만도 불을 보듯 구경할 수밖에 없었습니다.

 해씨 세력에 반발이 가장 심한 쪽은 진씨 세력이었습니다.

　해씨가 힘이 있고 권력을 쥐고 있다고는 하지만, 이미 고구려에 크게 패한 원인을 해씨 세력에게 돌린 진씨 귀족들은 마침내 반란을 일으켰습니다. 그 우두머리가 좌평 진남이었습니다.

　군사 2천 명과 함께 478년 궁을 손에 넣은 진남에게 위기를 느낀 해구는 잠시 몸을 피했다가 반격할 속셈으로 대두성으로 달아났습니다. 그러나 이미 돌아선 민심을 다시 모을 수가 없었던 해구는 정예 군사 500명을 보낸 진남에게 붙잡혀 죽음을 맞아야 했습니다.

　이런 상황에서 어린 삼근왕이 얼마나 두려움에 떨었을지는 짐작하고도 남음이 있습니다. 삼근왕은 진남이 해구를 죽이고 해씨 세력을 몰아낸 이듬해 15세의 어린 나이로 갑자기 세상을 떠났습니다.

백제를 재건한 동성왕

총명했던 동성왕

삼근왕이 왕위에 오른 2년 뒤 15세의 나이로 세상을 떠나자, 이제 왕위에 오를 수 있는 인물은 문주왕의 아우인 곤지의 두 아들 사마와 모대뿐이었습니다.

백제 왕실의 세력을 잡은 진씨 세력들은 두 사람 중에서 왜나라에 오래 있었기 때문에 나라 사정에 어두운 모대를 왕으로 추대하자고 의견을 모았습니다. 모대는 개로왕 7년에 외교를 목적으로 왜국으로 가서 머물고 있었습니다.

　진씨 귀족들이 모대를 왕으로 추대하고자 한 것은 나라 사정에 밝지 못하니 자기들 마음대로 조종할 수 있다고 판단했기 때문이었습니다. 그렇게 해서 왜국에 나가 있던 모대는 북큐슈 지방의 쓰쿠시 군사 5백 명의 호위를 받으며 478년 4월 고국인 백제로 돌아와 479년 11월 왕위에 올랐는데, 그가 바로 동성왕입니다.

　동성왕은 새 도읍지인 웅진을 안정시키기 위해 궁궐을 다시 짓고, 도읍지의 모습을 갖출 나성도 세웠습니다. 그리고 자신을 왕위에 오르게 하는 데 큰 공을 세운 진로를 병관좌평으로 임명했습니다.

　스무 살 정도의 어린 나이였지만 동성왕은 결코 귀족들의 꼭두각시 노릇만 하지는 않았습니다.

　이 시기에 새로운 세력으로 등장한 사씨, 연씨, 백씨 등을 중앙 귀족으로 흡수하여 한성에서 옮겨 온 기존의 귀족 세력들과 균형을 이루는 데 힘썼습니다. 새로운 귀족들은 점차 기반을 확대해 나가 시간이 흐를수록 백제의 지배층이 되었습니다.

　활 솜씨가 뛰어났던 동성왕은 새로 쌓은 성 주위에서 사냥을 자주 했습니다. 백발백중의 솜씨를 자랑하며 벌인 사냥 대회는 백제가 그 땅의 주인임을 확인하는 자리였고, 왕이 사냥을 나간 장소는 귀족들이 넘볼 수 없었으므로 왕의 위엄을 과시하는 자리이기도 했습니다.

백제를 다시 일으켜 세우다

왕의 위엄을 드러내며 새롭게 나라를 정비하고자 했지만 진씨 세력의 힘으로 왕위에 오른 동성왕은 조정의 권력이 진씨 세력에 가 있는 것을 처음에는 두고 볼 수밖에 없었습니다. 그래서 재위 19년까지 진로라는 인물이 병관좌평에 계속 머물러 있었던 것입니다.

그러나 진씨 세력은 진로가 세상을 떠나고 연돌이 병관좌평에 앉게 된 이후에는 완전히 몰락하게 됩니다. 다시 말해서 이 때부터 동성왕이 진씨 세력을 완전히 몰아내고 권력을 쥐게 된 것입니다.

고구려에 대한 복수를 결심한 동성왕은 어느 날 대신들을 모아 놓고 신라의 왕속과 자신이 혼인할 것임을 밝혔습니다. 그러나 이미 진씨 가문의 왕비가 있었고, 백제와 신라는 동맹을 맺은 지 60년이 지나 지금도 고구려가 남쪽으로 내려오는 것을 잘 막고 있는 상태에서 대신들은 그런 동성왕의 의중을 의아하게 생각했습니다.

하지만 동성왕이 신라와 혼인 동맹을 맺으려는 이유는 다른 데 있었습니다. 60년 동안 이어져 온 동맹을 더욱 견고하게 다지려는 것도 이유였지만, 그보다는 신라 왕족과의 혼인을 통해 진씨 귀족들을 견제하고자 함이었습니다.

그러한 자신의 뜻에 따라 동성왕은 신라의 소지마립간에게 혼인 동맹을 요청했습니다. 신라가 이를 받아들이자 마침내 동성왕은 신라 왕족인 이찬 비지의 딸을 아내로 맞아들이기에 이르렀습니다.

그러던 어느 날 신라 군대가 고구려 군대와 전투를 벌이다가 패했다는 소식이 들렸습니다. 신라 군대가 견아성으로 후퇴했고, 고구려 군대가 성을 포위한 채 계속 공격을 하고 있다는 소식을 들은 동성왕은 즉시 3천 명의 군사를 보내 신라를 도왔습니다.

이 사건이 있은 이듬해에는 백제가 고구려에 침략을 당했는데 동성왕은 신라에 원군을 요청하는 사신을 보냈고, 신라는 기꺼이 지원군을 보내 주었습니다.

그러나 그런 일이 있은 얼마 후 동성왕이 가까운 대신들을 불렀습니다. 그는 지금 군사들을 보내 탄현에 목책을 설치하라는 명령을 내렸습니다. 대신들이 의아해하며 이유를 묻자 동성왕이 대답했습니다.

"신라의 침공에 대비하기 위해서이니 시행토록 하시오."

대신들은 더욱 왕의 의중을 알 수가 없었습니다. 그도 그럴 것이 신라는 백제의 동맹국으로 지금 두 나라는 어느 때보다도 잘 협력해 고구려의 공격을 막아 내고 있는데, 신라가 백제를 침공하는 걸 염려하는 왕의 의중을 도무지 알 수 없었던 것입니다.

"모든 관계는 언제 어떻게 변질될지 알 수 없는 법이오. 지금의 동맹과 적의 관계가 언제 뒤바뀔지 모른다는 말이오. 즉 고구려와 동맹을 맺을 수도 있고, 반대로 신라와 전쟁을 벌일 수도 있다는 것이오."

동성왕의 설명을 들은 대신들은 너도나도 동성왕의 깊은 생각에 감탄했습니다.

488년 동성왕 재위 10년에 북위가 사신을 보내지 않았다는 이유로 백제로 쳐들어왔습니다. 화가 난 동성왕은 장군 사법명과 해례곤, 목간나를 보내 북위에 대항하게 하는 한편, 자신도 군사들을 이끌고 싸움터로 나가 크게 이겼습니다.

백제는 488년과 490년 두 차례에 걸친 북위와의 전쟁에서 승리했습니다. 또 498년에는 탐라를 백제에 복속시켰습니다. 동성왕의 사기는 하늘을 찌를 듯 솟구쳤습니다.

그러나 나라의 형편은 좋지 못했습니다. 홍수와 흉년이 겹쳐 굶주린 백성들이 많은데다 원인을 알 수 없는 전염병까지 돌아 견디다 못한 백성들이 고구려와 신라로 도망가는 일이 많아졌습니다.

자만심으로 무너지다

탐라까지 백제에 무릎을 꿇게 한 동성왕은 갈수록 행동이 거만해지고 사치스러워졌습니다.

"궁궐 동쪽에 누각을 세우고 주변에는 연못을 파도록 하라."

그러자 많은 대신들과 귀족들이 나라 사정이 좋지 못하다며 반대를 했습니다. 반대에 부딪치자 동성왕은 귀족들에게 밀리면 안 된다는 생각으로 기어이 8미터 높이의 누각을 세워 임류각이라 이름을 붙인 뒤 술판을 벌이며 자신의 힘을 과시하곤 했습니다.

그리고 자신에게 불만이 많은 것 같은 위사좌평 백가를 멀리 보내기로 결심하고 그를 불렀습니다.

"그대는 이번에 새로 쌓은 가림성으로 가서 그 곳을 지켜 주게."

그 말을 들은 위사좌평은 깜짝 놀랐습니다. 건강도 좋지 못한 자기를 그 먼 곳으로 보낸다는 것은 자기를 떨어뜨려 놓으려는 왕의 속셈이었기 때문이었습니다.

어쩔 수 없이 가림성으로 떠나는 백가를 보며 동성왕은 자기를 반대하는 어떤 세력도 이제는 제압할 수 있다는 확신을 가져 더욱 기고만장해졌습니다.

동성왕의 호화스럽고 사치스러운 생활은 끝도 없이 이어졌습니다. 임류각 주변에 판 연못에는 온갖 진귀한 동식물을 심고 키웠으며, 날마다 잔치를 벌여 술에 취해 있는 날이 많아졌습니다. 나라 살림은 당연히 줄어들었습니다.

걱정이 된 신하들이 충성어린 마음으로 사태를 아뢰었지만, 동성왕은 자기가 왕이 된 후 백제가 다시 일어섰다는 것만 말하며 들으려 하지 않았습니다.

가림성으로 떠난 백가는 특히 동성왕이 술과 놀이에만 취해 있는 것에 분노가 컸습니다. 드디어 백가는 동성왕을 없애려는 계획을 세웠습니다.

그 해 겨울, 동성왕은 백가의 움직임도 살필 겸 사비성 서쪽 벌판으로 사냥을 나갔습니다. 마침 눈발이 날려 왕궁으로 돌아가는 게 힘들어지자 마포촌이라는 곳에서 하룻밤을 묵게 되었습니다. 백가의 귀에 그 소식이 들렸습니다.

백가는 십여 명의 부하를 이끌고 왕이 머물고 있는 곳으로 접근

했습니다. 그리고 마침내 마포촌에서 동성왕을 죽이는 데 성공했습니다.

고구려에 무너졌던 백제를 다시 일으켜 세웠지만, 말년에 술과 놀이에 빠져 백성을 등한시한 동성왕은 자신에게 앙심을 품은 백가에 의해 결국 비참한 죽음을 맞아야 했습니다.

원대한 꿈을 가진 무령왕

무령왕의 출신 비화

　백제 제 25대 무령왕은 동성왕의 둘째 아들이라고도 하고 개로왕의 동생 곤지의 아들로 동성왕의 배다른 형이라고도 하는 등 출생에 여러 가지 설이 있습니다.

　동성왕이 죽은 후 40세의 나이로 왕위에 오른 무령왕은 키가 아주 컸으며, 매우 잘 생긴 얼굴에 인자하고 관대한 성품을 가진 사람이었습니다. 원래 이름이 사마인 무령왕은 동성왕이 왕위에 오를 무렵 백제로 돌아오기까지 계속 왜나라에서 지냈습니다.

사마가 세상에 이름을 떨치고 백성들과 신하들 사이에서 신뢰를 얻게 된 것은, 동성왕이 백가에게 죽임을 당하자 선왕을 죽게 한 백가를 용서할 수 없다며 단호하게 대처하여 응징한 후부터였습니다.

처음부터 권력을 차지할 생각은 없었던 데다, 동성왕의 사치와 안하무인에 화가 난 백가는 순순히 항복했습니다. 하지만 사마는 백가의 목을 베어 백마강에 던져 버렸습니다.

국방력의 강화

동성왕이 죽고 거의 망하다시피 한 백제의 상황을 직접 겪었던 무령왕은 무엇보다 군대의 힘을 키우기 위해 노력했습니다. 그리고 선왕의 죽음을 알게 되면 고구려가 바로 쳐들어올 것을 대비해 장수 우영에게 군사 5천 명을 주어 고구려의 수곡성을 치게 했습니다.

흉년과 전염병이 돈 이듬해에도 백제는 고구려를 먼저 공격했습니다. 그러한 점으로 미루어 무령왕은 적극적인 공격이 가장 적극적인 방어라는 생각을 가진 과감한 성격이었음을 알 수 있습니다.

고구려도 백제가 자꾸 공격해 오자 당하지만은 않았습니다. 503년에 말갈을 시켜 백제를 공격하게 하더니, 506년 7월과 11월에는 스스로의 힘으로 백제를 공격했습니다.

무령왕은 고목성 남쪽에 나무 울타리를 세우고 장령성을 쌓아 고구려가 말갈과 함께 쳐들어올 것에 대비해 철저히 준비했습니다. 그래서 고구려 장군 고로가 말갈 군사와 함께 횡악 근방으로 쳐들어왔을 때, 즉시 군대를 출동시켜 단번에 물리쳤습니다.

그러나 고구려는 512년 다시 백제의 가불성을 습격했습니다. 가불성을 점령한 고구려는 다시 원산성을 쳤고, 백제는 많은 약탈과 죽임을 당해야 했습니다.

이런 사태를 본 무령왕은 자신이 직접 기병 3천 명을 거느리고 나가 고구려를 크게 무찔렀습니다. 왕이 직접 군사를 호령하며 전쟁에 나선 것을 본 백제 백성들은 환호했습니다. 무령왕의 이 같은 기세에 눌린 고구려는 한동안 백제를 쳐들어올 생각을 하지 못했습니다.

523년에 무령왕은 15세 이상의 한수 이북 백성을 동원해 쌍현성을 쌓았습니다. 백제가 고구려에 전혀 움츠러들지 않고 당당하게 맞섰던 것입니다.

무령왕 시대에는 유달리 백제와 고구려의 충돌이 잦았는데, 이는 동성왕 이후 백제가 계속 영토를 넓히면서 고구려를 위협했기 때문이었습니다. 가장 결정적인 사건은 백제가 섭라를 정복한 일이었습니다.

당시 고구려는 북위와 무역을 하면서 금과 옥을 수출했습니다. 고구려에 금을 바친 것은 부여였고, 옥을 바친 것은 섭라였습니다. 그런데 섭라가 백제 세력에 막혀 아무것도 고구려에 바치지 못하게 되자, 고구려로서도 북위에 금과 옥을 바칠 수 없게 된 것입니다.

북위의 황제에게 계속 금과 옥을 보내던 고구려가 중단해 버리자 북위의 황제는 몹시 화를 냈습니다.

섭라로부터 옥을 받고 있던 고구려가, 백제 세력에 막혀 그렇게 되었다고 사신을 통해 북위에 알린 것은 고구려의 자존심에 큰 상처를 입히는 일이 되었습니다.

무령왕이 군사를 일으켜 섭라를 차지하자 섭라에서 옥을 수입할 수 없게 된 고구려는 가만히 있을 수 없었습니다. 두 나라는 치열하게 다툼을 이어 갔고, 결국은 백제 땅으로 굳어지게 되었습니다.

농업과 외교를 중시한 왕

무령왕 6년인 506년에 전국에 전염병과 함께 가뭄이 들어 백성들이 굶주림에 허덕였습니다.

백성들이 처한 상황을 보고받은 무령왕은 당장 나라의 창고를 열어 굶주린 백성들에게 곡식을 나누어 주라고 명령하는 한편, 나라가 안정되기 위해서는 농업이 중요다하는 사실을 크게 느꼈습니다.

'가뭄과 홍수가 올 때마다 이렇게 백성들이 굶주림에 고통받는다면 뭔가 장기적인 대책을 세워야 한다.'

그렇게 생각한 무령왕은 수리 시설을 만들라고 명령했습니다. 제방을 쌓는 일이 시작되자 농사지을 땅이 없어 놀고 있던 사람들이 와서 일을 하게 되면서 도둑 떼가 줄어들었고, 이웃 나라로 도망치는 백성들도 거의 없어졌습니다.

제방이 완성되자 홍수가 와도 강물이 넘치는 것을 막을 수 있었으며, 가뭄에는 제방에 가두어 놓은 물을 끌어다 쓸 수 있게 되었습니다. 당연히 백성들의 삶은 안정되고 굶주리는 일이 적어졌습니다.

그리고 새로운 농토 개발을 시작했습니다. 마침 사비성 서쪽에 넓은 평야가 있는 걸 알게 된 무령왕은 그 곳을 개발하여 농사를 짓게 했습니다. 식량 생산이 늘어나자 굶주리는 백성들이 없어 풍요로운 삶이 유지되었습니다.

이렇게 어느 정도 백성들의 삶이 안정되자 무령왕은 자신이 살았던 왜국과의 친분을 생각하기에 이르렀습니다. 어린 시절을 보낸 나라 왜국은 무령왕에겐 또 하나의 조국과 다름없었기 때문이었습니다.

무령왕은 오경박사 고안무와 단양이를 왜국에 보내어 백제의 문물을 전해 줄 것을 명령했습니다.

이렇게 백제를 다시 부흥시키고 농업을 장려해 백성들의 삶을 안정시키려 애쓰던 무령왕은 21년 6개월 동안 왕위에 머무르다가, 523년 62세의 나이로 세상을 떠났습니다.

국호를 남부여로 고친 성왕

백제를 반석 위에 올린 왕

무령왕의 아들로 이름이 명농인 성왕은 백제 역사상 가장 뛰어난 왕이자 위대한 왕입니다. 어렸을 때부터 총명하고 비범하여 칭송을 받던 성왕은 따뜻하고 부드러운 성품에다 지도자로서의 결단력까지 뛰어나 신하들과 백성들은 그를 '거룩한 왕'으로 불렀습니다.

무령왕이 닦아 놓은 안정된 기반 위에서 왕위에 오른 성왕은 538년 재위 16년째 되던 해에 도읍을 사비로 옮겼습니다. 웅진은 지리

적으로 너무 한쪽으로 치우쳐 있어 밖으로 뻗어 나가기가 어렵다는 판단과, 웅진에 뿌리내린 귀족들의 권한을 줄여야 왕권이 강화될 수 있다는 생각에서였습니다.

도읍을 옮기겠다는 뜻을 발표하자 실권을 쥐고 있던 귀족들의 반발 또한 만만치 않았습니다. 귀족들은 당장에 고구려나 신라가 쳐들어오는 것도 아닌데 나라의 수도를 옮기는 것은 옳지 않다고 강하게 반발하고 나섰습니다. 그러나 성왕은 뜻을 굽히지 않았습니다.

"잃어버린 한강 유역을 되찾아야 하는 것은 우리의 소임이오. 때문에 고구려와의 충돌은 언제나 예고되어 있는 것이오. 그대들도 이미 알고 있겠지만 웅진은 고구려가 쳐들어왔을 때 문주왕께서 다른 방도가 없어 급하게 옮긴 곳이오. 그렇기 때문에 너무 한쪽으로 치우쳐 있소. 전쟁에서 이기기 위해서는 교통이 편리하고 물자가 풍부한 곳으로 수도를 옮겨야 하오."

수도를 사비로 옮긴 성왕은 국호를 남부여로 고쳤습니다. 남부여로 고친 것은 백제가 고구려에 의해 망한 부여의 후손이며 부여 땅을 되찾겠다는 의지에서였습니다.

그리고 관직도 개편하여 중앙의 22부, 지방의 5부 5방 제도를 실시하여 귀족 중심의 정치 체제를 고치고, 강력한 중앙 집권 통치를 이루도록 했습니다.

모든 정비를 새롭게 한 성왕은 고구려를 물리치고 한성을 되찾기 위해 주변의 나라들과 친교를 맺는 일에 힘을 쏟았습니다. 특히 중국과 왜나라와 긴밀한 관계를 유지하기 위해 많은 노력을 기울였습니다.

그리고 이미 120년이나 동맹을 맺고 있던 신라에도 다시 사신을 보내 고구려를 함께 공격하자고 했습니다. 신라의 진흥왕은 한강 상류 지역을 공격하기 위해서는 백제와 힘을 합치는 것이 절실했기 때문에, 두 나라는 마침내 군사를 일으켜 고구려를 공격하기로 결정했습니다.

당시 양원왕이 다스리고 있던 고구려는 귀족들의 권력 다툼으로

나라 안이 어지러운데다, 밖으로는 돌궐족의 계속되는 침입으로 어려움을 겪고 있었습니다. 그런 와중에서 백제와 신라의 연합군이 쳐들어오자 고구려 진영은 얼마 못가 흔들렸고 도망치는 군사들이 생겨났습니다.

한강 하류 지역을 공격한 백제군은 고구려와 밀고 당기는 싸움 끝에 드디어 위례성 안으로 들어갈 수 있었습니다. 성왕은 성 안에 들어서는 순간 가슴이 벅차올라 성을 휘둘러보았습니다.

"우리가 드디어 위례성과 한강 유역을 다시 찾았다!"

성왕의 선포에 승리를 확인한 백제 군사들은 환호를 질렀습니다.

"대 백제국 만세!"

"성왕 폐하 만세!"

"백성들의 거룩한 왕, 성왕 폐하 만세!"

"다시 찾은 위례성 만세!"

군사들이 기뻐서 어쩔 줄 모르며 서로 부둥켜안고 승리의 환호를 외치는 것을 보는 성왕의 눈에도 눈물이 맺혔습니다.

신라에 배신당한 백제

한편 한강 상류 지역을 공격한 신라도 전쟁에서 크게 이겼습니다. 신라로서는 경주에서 가장 먼 지역까지 진출한 것이었습니다.

흥분한 신라 장수들의 승리를 보고받은 진흥왕은 생각에 잠겼습니다. 이번 전쟁에서 이겼다고 좋아할 때가 아니라는 생각 때문이었습니다. 막강한 고구려 군이 패한 것은 신라군이 강해서가 아니라 돌궐족 때문에 미처 신경을 쓰지 못한 것이고, 여전히 신라보다 강한 백제군이 언제 입장을 바꿀지도 모를 일이었습니다.

2년 뒤 진흥왕은 한강 하류 지역까지 차지하겠다는 야심을 갖고, 장군 김무력을 불러 백제를 공격해 위례성을 빼앗으라는 명령을 내렸습니다. 진흥왕이 그런 명령을 내린 것은 고구려로부터 밀사를 받고 난 후였습니다.

고구려는 신라가 고구려의 남쪽 국경을 더 이상 공격하지 않는 조건이라면, 신라가 한강을 차지하는 것과 황초령과 마운령 이남의 동해 연안을 차지하는 것을 허락하겠디고 한 것입니다.

진흥왕으로부터 설명을 들은 김무력은 군사들을 이끌고 백제군이 지키고 있는 한강 하류를 향해 떠났습니다.

그 때까지도 위례성을 되찾은 감격에서 벗어나지 못한 채 안심하고 있던 백제 군사들은 많은 수의 신라군이 오는 것을 보고서야 허둥대기 시작했습니다. 동맹국인 신라가 어느 사이 적군이 되었음을 뒤늦게 깨달은 것입니다.

일제히 공격을 퍼붓는 신라에 맞서 백제군도 싸우기 시작했지만 한강 하류 지역의 방어가 무너지면서 백제군은 밀리고 말았습니다. 신라군은 어렵지 않게 위례성을 함락시켰습니다. 신라의 기습적인 공격에 대비하지 못한 백제가 어이없는 패배를 당하고 말았던 것입니다.

소식을 들은 성왕은 뒤통수를 얻어맞은 기분이었습니다. 동맹국이라고 하늘같이 믿고 있던 신라가 백제를 공격하리라고는 꿈에도 생각지 못했던 일이었습니다. 거기다 겨우 되찾은 한강 유역을 다시 빼앗겼다는 게 믿어지지 않았습니다.

"어떻게 나라 간의 동맹을 이처럼 아무렇지도 않게 깨뜨릴 수가 있단 말인가. 절대 용서할 수 없다!"

분을 참을 수 없었던 성왕은 전쟁 준비를 명령했습니다. 그러자 신하들이 반대하고 나섰습니다. 신라가 쳐들어왔을 때는 이미 백제의 반격을 예상했을 것이므로, 지금은 때가 아니라는 데 의견이 모아졌습니다.

태자 창이 당장 신라를 공격해 빼앗긴 한강 유역을 찾겠다고 펄펄 뛰는 것도 신하들은 막았습니다.

"지금은 이길 수 없는 상황이옵니다. 우선은 힘을 키워야 할 때입니다."

성왕은 마음이 복잡했습니다. 어떠한 결정도 명쾌하게 내릴 수 없었습니다. 마음 같아서는 태자의 말처럼 당장 군사를 이끌고 신라로 쳐들어가고 싶었지만, 이미 사기가 떨어진 군사와 반격을 예상하고 있을 신라에 대항할 힘이 부족하다는 사실을 인정하지 않을 수 없었습니다.

그러나 이대로 울분을 참고 있기에는 우선 자신이 용납할 수가 없었습니다. 성왕이 계속 망설이자, 창이 다시 군사를 달라고 청했습니다. 성왕은 마침내 태자의 청을 들어주기로 결정하고, 태자 창에게 군사를 내주었습니다.

백제의 움직임을 살피고 있던 신라는 백제 태자가 군사를 이끌고 공격해 오자 곧 싸움 준비에 들어갔습니다. 백제가 한강 유역으로 가기 위해서는 관산성을 지나야 했으므로, 신라는 관산성에 부대를 보내 백제군을 막게 했습니다.

　백제가 신라에 자꾸 밀리고 있는 상황이 되자 성왕은 자신이 직접 싸움터로 나갔습니다. 신하들이 위험하다고 모두 말렸지만 이미 마음의 평정을 잃은 성왕을 말릴 수는 없었습니다.

　성왕은 3만 명이 넘는 군사를 이끌고 태자 창을 지원하기 위해 관산성으로 떠났습니다. 성왕이 직접 싸움터로 오고 있다는 소식을 들은 신라는 모든 군사를 총동원시켰습니다. 그리고 관산성으로 오고 있는 곳곳에 군사를 매복시켜 놓고 성왕이 지나가기만을 기다렸습니다.

　밤길이라 군사들을 다그치기가 쉽지 않았지만 태자가 위험에 처해 있다는 사실을 알고 있는 성왕은 잠시도 말을 멈출 수가 없었습니다.

　"쉬지 마라! 태자가 우리를 기다리고 있다. 어서 가서 태자의 군대를 도와야 한다!"

　그러다 구천이라는 곳을 지날 때였습니다. 어디선가 불화살이 날아오더니 적들의 함성소리가 울려 퍼졌습니다. 신라 장수 도도가 매복시켜 놓은 신라군이었습니다.

　신라군의 매복을 예상치 못했던 성왕과 백제 군사들은 허둥대기 시작했습니다. 장수들이 성왕을 에워싸 호위하며 그 곳을 벗어나려고 했지만, 이미 신라군에게 포위당한 백제군은 아무런 힘도 쓸 수 없었습니다. 눈앞에서 수없이 많은 백제 군사들이 화살에 맞아 죽었습니다.

 성왕은 결국 신라 장수에게 붙잡히고 말았습니다. 성왕을 붙잡은 신라의 장수는 말을 먹이던 천한 사람으로 이름은 도도였습니다. 그는 천한 신분이지만 성왕 같은 훌륭한 사람과 대결을 하면 이름이 대대로 전해질 것이라는 말에 전쟁터로 나온 것입니다.

 성왕을 붙잡은 도도는 왕에 대한 예우로 성왕에게 두 번 정중하게 절을 한 뒤 목을 베게 허락해 줄 것을 청했습니다. 그러나 아무리 붙잡힌 몸이지만 성왕은 도도의 청을 거절했습니다.

 그러자 신라의 법에는 비록 국왕이라고 하더라도 맹세한 바를 어기면 종의 손에 죽는다고 다시 도도가 말하자, 성왕은 자신의 옆구리에 차고 있던 칼을 꺼내 도도에게 주었습니다. 이 때 성왕은 이미

모든 걸 체념한 표정이었습니다.

성왕은 도도가 휘두르는 칼에 목을 베여 죽었습니다. 성왕의 시신도 내주지 않고 가지고 가 버린 신라는 나중에 성왕의 머리는 내주지 않고 뼈들만 보내 주었습니다.

관산성 전투의 패배로 백제는 성왕을 비롯해 네 명의 좌평과 3만 명의 군사가 전사하는 치명적인 손실을 입었습니다. 그리고 이 싸움으로 동성왕 때부터 시작된 백제와 신라의 동맹 관계는 완전히 깨어졌습니다.

백제의 지배 아래에 있던 가야는 관산성 싸움에서 백제가 크게 패한 후 신라에 병합되고 말았습니다.

귀족과 갈등이 많았던 위덕왕

백제와 신라의 갈등

성왕의 맏아들로 이름이 창인 위덕왕은 태자 때부터 아버지인 성왕을 도와 신라 정벌에 나섰습니다.

신라의 배신으로 한강 유역을 다시 빼앗겼을 때도 보복 공격은 좋지 않다는 신하들의 만류를 뿌리치고 성왕을 설득하여 정벌군을 일으킬 만큼, 단호한 의지를 가진 사람이었습니다.

그러나 관산성 싸움에서 성왕이 죽고 크게 패한 후 왕위에 오르게 된 위덕왕은 출발부터 불리한 입장이 되지 않을 수 없었습니다.

관산성 싸움에서 패전의 책임을 위덕왕에게 돌리며 압박하는 귀족들의 발언권은 점점 커져 갔고, 이로 인해 위덕왕 때는 왕보다 귀족들의 세력이 더 큰 시대였습니다.

싸움터에서 붙잡힌 성왕이 결국 적들의 손에 의해 죽음을 맞게 되자 백제는 커다란 위기에 빠졌습니다. 살아 있을 때부터 '거룩한 왕'으로 백성들의 존경을 한 몸에 받고 있던 성왕이었으므로, 그의 죽음은 일시에 나라를 암흑 천지로 몰아넣었습니다.

군사들은 사기를 잃었고 백성들의 울음소리는 그치지 않았습니

다. 이런 혼란을 틈타 554년 10월, 고구려가 백제로 쳐들어왔습니다. 성왕이 세상을 떠난 지 고작 3개월밖에 안 된 시기에 고구려의 침입 소식은 위덕왕에게 날벼락과 같은 것이었습니다.

더구나 고구려가 이미 웅진성까지 밀고 내려왔다는 소식은 당시 한강 유역을 차지하고 있던 신라가 길을 열어 주었다는 것을 뜻했으므로, 위덕왕은 당황하지 않을 수 없었습니다.

"모든 군사를 총동원해 고구려를 막아야 한다."

위덕왕은 웅진성을 빼앗기면 도성까지 위험하므로 필사적으로 군사들을 동원해 고구려를 막아 냈습니다.

그러나 고구려는 언제든 다시 쳐들어올 수 있는 나라였습니다. 더구나 이번에 길을 내준 신라가 다음 번에는 고구려와 동맹을 맺어 함께 쳐들어올 수도 있었습니다. 이미 신라에게 배신을 당해 본 위덕왕으로서는 잠시도 마음을 놓을 수가 없었습니다.

'그렇다면 가야를 은밀하게 도와 준 뒤, 그들의 힘을 빌려야 한다. 또한 왜나라 군사들이 우리를 도와 신라를 함께 공격해 준다면 이 치욕을 갚을 수도 있을 것이다!'

이렇게 생각을 한 위덕왕은 동생 계를 왜국에 보내 자신의 뜻을 전했습니다. 계가 왜국의 왕에게 백제 왕의 뜻을 전하자 왜국의 왕은 자기들도 백제 왕의 뜻과 같다고는 하면서도 쉽게 군사를 내주지는 않았습니다.

위덕왕은 고구려와 신라에 대해 적대감을 계속 유지하면서 가야에도 사신을 보냈습니다. 백제가 신라를 칠 때 가야가 뒤에서 공격해 달라는 내용이었습니다.

가야는 신라에 항복한 뒤에도 계속 가야 땅을 빼앗아 가는 신라에 배신감을 느끼고 있는 상황이었기 때문에 쉽게 위덕왕의 뜻을 받아들였습니다.

그러나 위덕왕의 이러한 야심에 찬 공격에도 불구하고 백제는 패하고 말았습니다. 오히려 백제를 몰아낸 신라는 곧바로 기세를 늦추지 않고 가야까지 공격했습니다.

이로써 이사부가 이끄는 신라군이 순식간에 가야 땅을 휩쓸어 버리는 바람에 가야의 오랜 역사는 종지부를 찍고 말았습니다. 가야가 무너지자 예로부터 식량이 부족했던 왜나라는 크게 당황했습니다.

식량이 많이 나는 가야와 농산물 무역을 해 왔는데, 가야가 무너졌다는 것은 곧 왜나라의 식량부족 사태를 예고하는 일이었기 때문이었습니다.

"식량을 수입할 수 없게 되면 우리는 큰일입니다. 기름진 가야 땅을 신라가 차지해 버렸으니 이젠 백제를 도와 신라를 공격할 수밖에 없습니다."

왜나라는 가야가 무너지자 그 동안 군사 보내기를 꺼려하던 태도를 바꿔 위덕왕의 뜻에 동참할 의사를 밝혔습니다.

드디어 563년 백제와 왜나라의 동맹군이 신라 공격에 나섰습니다. 하지만 전술이 뛰어난 신라에 비참하게 지고 말았습니다.

그러나 이 싸움의 의미는 컸습니다. 동맹을 하고도 싸움에서 진 백제와 왜나라가 이후로는 무턱대고 신라를 공격하지 못 하게 되기도 했지만, 신라 또한 왜나라와 손잡은 백제를 함부로 건드리지 않게 된 것입니다.

결과적으로 위덕왕은 신라를 처부수는 데는 실패했습니다. 하지만 신라의 위협으로부터는 벗어날 수 있었습니다.

나라를 위한 노력

위덕왕은 왕위에 오른 해에 웅천성을 공격해 고구려 군을 물리쳤습니다. 신라와의 전쟁이 중단되어 당분간은 신라의 위협으로부터 벗어날 수 있게 되자 고구려에 눈길을 돌린 위덕왕은, 고구려를 궁지로 몰아넣기 위한 외교를 시작했습니다.

581년 강한 국력의 수나라가 세워지자 수나라와 외교 관계를 맺었습니다. 나아가 위덕왕은 589년 수나라가 중국 대륙을 통일하자 고구려를 공격하도록 부추겼습니다.

"수나라에서 고구려를 공격한다면 우리 백제가 길잡이가 되어 돕겠소."

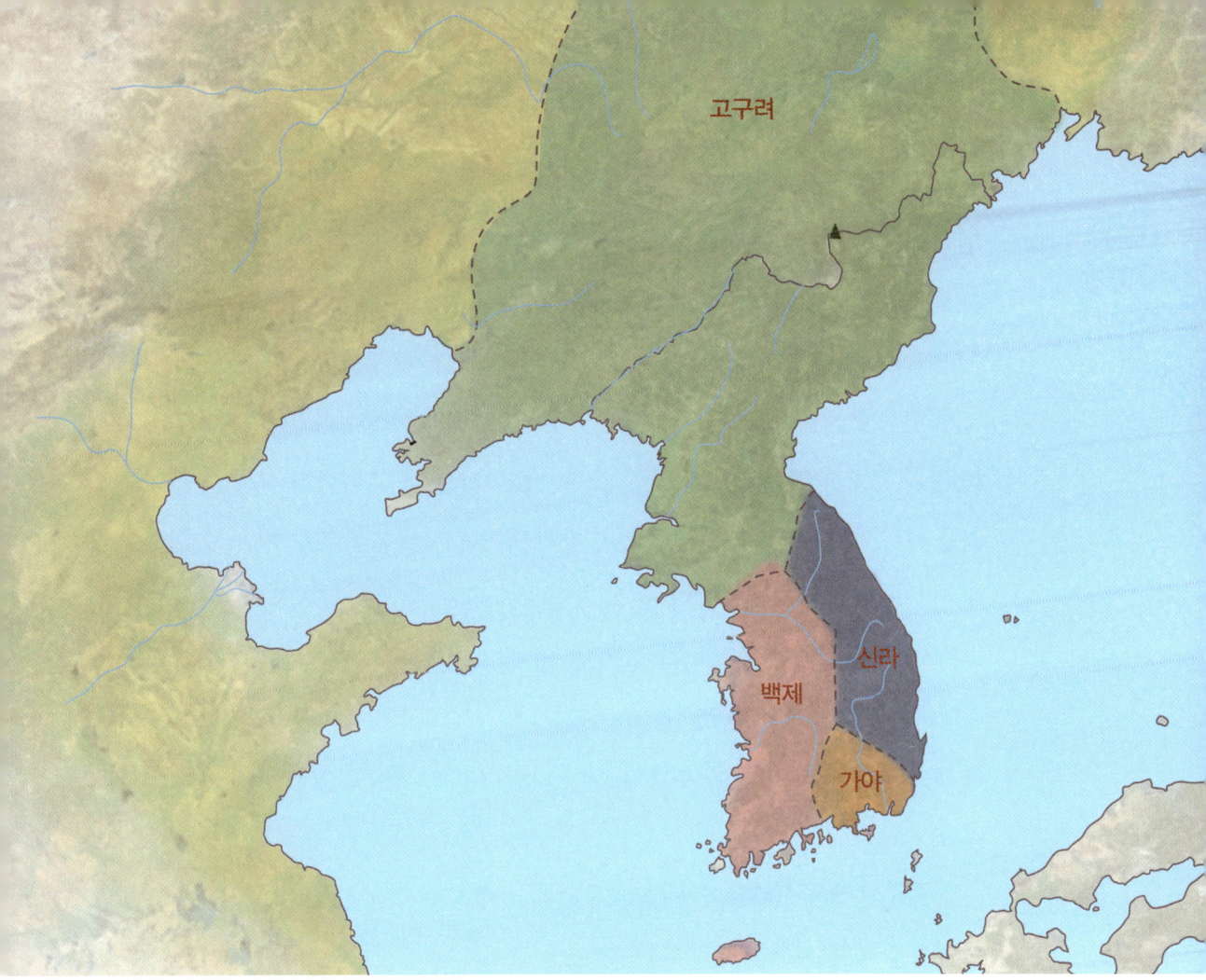

■ 백제 건국의 토대가 되었던 한강 유역은 삼국의 세력 판도에 따라 주인이 바뀌고는 했다.

위덕왕이 이런 뜻을 사신을 통해 전했는데도 수나라는 백제의 제안을 받아들이지 않았습니다. 오히려 백제가 수나라를 부추겨 고구려를 공격하게 하려 했다는 사실이 알려지자, 고구려에서는 군사를 일으켜 백제의 북쪽 지역을 공격하기에 이르렀습니다.

위덕왕은 왕위에 있는 내내 백제의 살길을 찾기 위해 모든 방법을 찾아 고민하다가 598년 12월, 74세의 나이로 세상을 떠났습니다.

일본을 지원한 백제

　백제의 위덕왕 시대에 왜국의 왕실에는 왕위에 오른 요메이 천왕이 병에 걸려 오랫동안 병석에 누워 있자 커다란 근심에 쌓였습니다.

　더 이상 부를 의원도, 더 이상 쓸 약도 없을 만큼 온갖 방법을 동원해 왕을 고치려 해 봤지만 아무런 소용이 없었습니다. 그러다가 사원을 세워 약사여래상을 만들어 빌면 왕의 병이 낫지 않을까 하는 데에 왕실의 생각이 모아졌습니다.

　약사여래는 중생들의 아픔과 고통을 없애고 싶다는 뜻을 가지고 수행하다가 깨달음을 얻었다는 부처였습니다. 그래서 병든 사람들이 그 상을 만지고 이름을 부르면 병이 나았다고 전해지고 있었습니다.

　요메이 천왕은 신하들의 말을 듣자 크게 기뻐하며 당장 시행하라고 명령을 내렸습니다.

　"경비를 아끼지 말고 서둘러 사원을 짓고 어서 약사여래상을 만들어 모시도록 하시오."

　이미 왜국은 백제의 성왕 때 불상과 경전을 전해 받아 불교를 받아들인 나라였습니다. 스님인 노리사치계가 일본에 온 것은 538년이며 공식적으로 불교를 받아들인 것은 552년이었습니다.

　왜국의 왕이 명령을 내렸음에도 불구하고 신하들은 사원 지을 터만 구해 놓고 모두 손을 놓고 있었습니다. 사원이나 불상을 만들 기술자가 없었기 때문이었습니다.

서로 얼굴만 쳐다보며 근심하다가 어느 신하가 백제에 도움을 청해 보자는 말을 했습니다.

"백제는 일찍 불교를 받아들였으므로 기술이 발달했을 것입니다. 그러니 도움을 청해 봅시다."

왜는 백제에 사신을 보내 모든 상황을 설명한 다음 기술자를 보내 줄 것을 요청했습니다.

사신의 말을 들은 위덕왕은 불교 의식에 쓰이는 물품을 만드는 사람인 불공과 절을 짓는 기술자인 사장, 그리고 탑을 만드는 장인인 노반박사와 기와에 무늬를 새기는 공예가인 와박사를 즉시 왜에 보내 주었습니다.

백제에서 많은 기술자들이 도착하자 사원을 짓는 공사의 속도는 빨라졌습니다. 요메이 천왕은 아픈 몸으로도 자주 절과 약사여래상이 완성되어 가는 모습을 보기 위해 들렀습니다.

그러나 천왕은 절이 완성되는 것을 보지 못하고 세상을 떠나고 말았습니다. 대신 자기는 보지 못하더라도 절을 꼭 완성시키라는 유언을 남겼습니다.

이 절이 지금 일본의 아스카지에 있는 법흥사입니다. 법흥사는 596년에 완공되었습니다.

종교로 마음을 다스린 법왕

왕실의 권력 다툼

　백제로서는 최악의 국력에다 권력 다툼만 계속되던 때에 일흔이 넘은 나이로 조카를 죽이고 왕위에 오른 인물은 혜왕이었습니다. 헌왕이라고도 불리는 혜왕은 약해질 대로 약해진 경제 기반과 중국과 일본에 대한 영향력마저 잃었습니다. 성왕의 둘째 아들이며 이름은 '계'인 혜왕은 왕위에 오른 지 1년 만에 세상을 떠났습니다.

　사실 혜왕은 왕위에 오를 인물이 아니었습니다. 당시 왜국에 가 있던 위덕왕의 아들 아좌가 이미 태자로 책봉된 상태였기 때문에 당연히 아좌태자가 왕위를 계승하는 것이 순리였습니다. 그러나 계는 위덕왕 시절에 벼슬이 상좌평까지 올랐으나 만족하지 못하고, 자신의 아들 선과 힘을 합쳐 아좌태자를 죽인 뒤 왕위에 올랐습니다.

이전까지 황해 연안을 중심으로 세력을 형성해 큰 경제적 이득을 취해 오던 백제의 귀족들은 그 지역에 진출한 고구려 때문에 큰 타격을 받게 되었습니다. 게다가 신라가 한강 하류 지역을 점령하자 더욱 어려운 상황이 될 수밖에 없었습니다.

이런 상황에서 수나라에 의해 통일된 중국에서 백제의 무역은 힘들게 되었고, 왜국도 백제의 영향권 밖으로 떨어져 나가고 말았습니다. 일이 이렇게 되어 백제의 귀족들은 나라 안으로 관심을 돌리게 됐고, 권력이나 땅을 차지하기 위한 내부의 혼란은 더 심해졌습니다.

이런 시기에 일흔이 넘은 나이에 왕위에 오른 혜왕은 권력 다툼에 시달리다 1년 만에 세상을 떠나고 말았습니다. 그 뒤를 이어 왕위에 오른 사람이 혜왕의 맏아들인 법왕입니다.

마음씨 착한 임금, 법왕

이름이 선인 법왕은 혜왕의 맏아들입니다. 어릴 때부터 인정이 많고 어진 마음을 가져 주위의 칭찬을 한 몸에 받았습니다. 책읽기를 좋아하여 언제나 책을 손에서 놓지 않았던 선은 특히 불경을 열심히 읽었습니다.

그런 선을 바라보는 혜왕은 근심에 빠졌습니다.

'저렇게 고운 심성을 타고난 아이가 장차 이 험한 시대를 이끌어 갈 왕이 되어야 한다는 것이 걱정이구나. 전쟁이 없고 평화롭기만 하다면야 누구보다 어진 왕이 되어 백성들의 존경을 한 몸에 받겠지만, 국력이 땅에 떨어진데다 귀족들까지 극성을 부리는 이 시대에 태어났으니 장차 저 여린 마음으로 어떻게 나라를 다스릴 수 있단 말인가?'

혜왕의 걱정을 알고 있는 신하가 어느 날 사냥을 권했습니다.

"어째서 사냥을 권하는가?"

"폐하, 사냥이란 살생과 깊은 관계가 있사오니 살아 있는 짐승에게 활을 쏘고 그것을 잡다 보면 마음이 강해지고 독해질 수도 있지 않겠습니까?"

"옳거니! 가장 사내다운 놀이인 사냥을 하다보면 태자의 유약한 마음이 강해질 수 있겠구나."

혜왕은 즉시 사냥 대회를 열었습니다. 그러나 선 태자는 사냥을 하는 내내 우울한 기분을 감추지 못했습니다. 혜왕이 이유를 묻자 선이 대답했습니다.

"아바마마. 오늘 잡은 것들 중에서 아직 살아 있는 짐승은 살려 보내 주십시오."

"짐승을 죽이는 것이 마음에 꺼려지는 것이냐?"

"예, 부처님 법에도 살생은 금하라고 되어 있습니다."

혜왕은 아들의 말을 듣고 사냥으로는 강인한 마음을 가질 수 있게 하지 못한다는 걸 깨달았습니다.

혜왕이 죽은 후 왕위에 오른 법왕은 불교를 섬겨 나라와 백성을 다스리겠다는 자신의 생각을 밝혔습니다.

"살생을 금히는 불교의 교리에 따라 사냥과 어업으로 먹고사는 사람들을 조사해서 그들에게만 짐승과 물고기 잡는 것을 허락하고 다른 사람들은 절대 살생을 못 하게 하라. 특히 나라의 녹을 먹고 있는 관직에 있는 사람들이 사냥과 고기 잡는 것은 절대 용서할 수 없으니 단단히 일러라. 그리고 절을 세워 승려들을 모아 공부하게 하라."

그 때 세워진 절이 왕흥사입니다. 나라에 가뭄이 들자 법왕은 칠악산에 가서 기우제를 지냈습니다. 법왕이 물 한 모금 입에 대지 않고 법당에서 기도를 올린 지 7일째 되는 날 하늘은 장대비를 내려 주었습니다.

사실 법왕이 불교를 숭상하며 부흥시키려 한 것은 아좌태자를 죽이고 왕위에 오른 아버지 혜왕을 도왔기 때문이었습니다. 그것이 평

생의 한이었고, 약점이었던 것입니다.

  그러나 법왕은 그것만으로는 설명이 모자란 왕입니다. 어릴 때부터 심성 바르고 유순했던 자신이 권력이라는 거대한 소용돌이 속에서 어쩔 수 없이 살생을 저질렀던 것에 대해 진심으로 용서를 빌고 싶었는지도 모릅니다.

법왕이 불교를 부흥시키고자 노력한 것은 불교 계율을 국법에 적용시켜 귀족들의 세력에 힘을 잃은 왕권을 튼튼히 하기 위해서였습니다.

법왕은 600년 5월, 5개월도 채 버티지 못하고 세상을 떠났습니다. 그가 어떻게 죽었는지는 정확하게 알려지지 않았습니다.

# 선화 공주와 무왕

서동 설화의 주인공 무왕

번화한 서라벌 장터가 장사꾼들의 소리로 흥겹게 들썩이고 있었습니다. 모두들 저마다 가지고 나온 물건들을 팔기 위해 너나 할 것 없이 목소리를 높여 손님들을 부르고 있었습니다.

사람들은 이곳 저곳을 둘러보며 물건을 사기도 하고 구경도 하면서 장터를 돌아다녔습니다. 그런 중에 보통이를 어깨에 멘 한 젊은 이가 구석에서 놀고 있던 아이들에게 다가갔습니다.

"아저씨는 뭘 파세요?"

한 아이가 묻자 젊은이가 대답했습니다.

"나는 마 장수란다. 하나씩 줄까?"

아이들의 눈이 커졌습니다. 돈을 받지 않고, 공짜로 준다는 장사치도 있나 하는 눈치였습니다.

"자, 하나씩 먹어. 그런데 애들아. 신라에서 제일 예쁜 사람이 누구인지 아니?"

젊은이는 자신이 나눠 준 마를 먹고 있는 아이들에게 넌지시 물었습니다.

"그야 선화 공주님이죠. 아저씨는 그것도 몰라요?"

아이들은 대답을 하면서도 관심 없는 표정으로 공짜로 생긴 마를 먹는 데 정신이 팔려 건성이었습니다.

"애들아, 요즘 선화 공주님에 대한 재미있는 노래가 유행하는 거 알고 있니?"

"노래요? 무슨 노래인데요?"

"한번 들어 볼래?"

젊은이가 노래를 시작하자 아이들은 귀를 쫑긋거리며 열심히 노래를 들었습니다.

선화 공주님은

남몰래 시집을 가서

서동 도련님을

밤에 안고 잔다네.

젊은이의 노래를 들은 아이들이 킥킥거리며 웃기 시작했습니다.

"선화 공주님이 남몰래 시집을 갔다고요?"

"그래서 밤마다 서동 도련님을 남몰래 안고 잔다고요?"

"그런데 왜 우린 처음 듣는 노래죠? 아저씨, 이 노래 진짜로 유행하는 노래가 맞아요?"

아이들은 가사를 다시 반복하며 재미있다는 듯이 젊은이에게 질문을 퍼부었습니다.

"그럼, 그러니까 나도 알지. 배워서 너희들도 불러 볼래?"

"예, 가르쳐 주세요. 참 재미있는 노랜데요?"

노래는 아주 쉬운 곡조에다 가사가 짧아 쉽게 따라 부를 수 있었습니다. 아이들이 완전히 노래를 배워 저희들끼리 부르는 걸 본 젊은이는 일어서서 어딘가로 가 버렸습니다.

마를 팔던 젊은이는 백제 사람으로 이름은 장이었습니다. 백제의 왕족이었으나 어머니의 신분이 천해 궁궐에서 살지 못하고 사비성에서 많이 떨어진 익산에서 어린 시절을 보내야 했습니다.

살림이 가난해서 어릴 때부터 마를 팔러 다녔는데, 그런 이유로 서동이라 부르기도 했습니다.

서동은 신라의 선화 공주가 너무도 아름답다는 말을 듣고 서라벌까지 찾아온 것입니다. 그러나 막상 신라의 수도 서라벌까지 오긴 했지만 궁궐에서만 지내는 선화 공주를 만날 길은 없었습니다. 그래서 꾀를 낸 것이 선화 공주를 궁궐에서 쫓겨나게 하는 것이었습니다.

'이 노래가 신라 전체에 퍼지기만 하면 이런 망측한 소문을 가지고 있는 선화 공주를 궁궐에 그대로 살게 하진 않을 거야.'

서동은 신라 곳곳을 누비며 아이들에게 공짜로 마를 나눠 주며 노래를 가르쳤습니다.

노래는 금방 온 나라에 퍼져 궁궐 안까지 노래에 대한 소문이 들어갔습니다. 소문을 들은 내관은 어쩔 줄 몰라 하다가 결국은 진평왕에게 아뢰지 않을 수 없었습니다.

"저어 폐하, 요즘 백성들 사이에서 해괴한 노래가 퍼지고 있습니다."

"해괴한 노래라니? 무슨 노래인데 그러느냐?"

"저어…… 선화 공주님에 관한 노래이온데, 그 내용이 여간 망측한 게 아니라서 아뢰기가 송구하옵니다."

내관으로부터 내용을 다 들은 진평왕은 당장 선화 공주를 불러 다그쳤습니다. 그러나 아무것도 모르고 있는 선화 공주가 모른다고 하자, 거짓을 말하는 걸로 안 진평왕은 화가 나서 공주를 내쫓으라고 명령했습니다.

사실 진평왕도 어쩌면 이것이 잘못된 오해에서 비롯된 것이 아닌가 하는 생각을 안 한 것은 아니었습니다. 하지만 행실이 나쁜 공주를 궁궐에 둘 수는 없다는 대신들의 뜻을 꺾을 수는 없었습니다.

드디어 선화 공주가 궁궐을 떠나는 날, 진평왕은 마지막으로 선화 공주를 불러 말했습니다.

"소문이 잠잠해지면 다시 궁궐로 부를 터이니 서라벌에서 좀 떨어진 절로 가서 잘 참고 기다려야 한다. 왕의 자리에 아비가 있으면서도 딸의 억울함을 벗겨 주지 못하고 이렇게 떠나 보내게 되니 마음이 아프구나. 하지만 조금만 참고 기다리면 반드시 너를 부를 것이니 더욱 몸가짐을 잘 하고 기다리길 바란다."

딸의 억울함을 눈물로 지켜볼 수밖에 없었던 왕비는 순금 한 말을 딸에게 주었습니다.

"이것이면 한동안 사는 데는 걱정 없을 것이다. 부디 몸조심하고 세상의 오해가 걷힐 날을 기다려라."

왕비는 억울하게 궁궐을 떠나는 선화 공주를 부둥켜안고 서럽게 울었습니다.

선화 공주는 시종과 시녀 몇 명을 데리고 궁궐을 떠났습니다. 궁궐 밖을 나가 본 일이 없는 선화 공주는 걸은 지 두어 시간쯤 지나자 발이 아파 더 이상 걸을 수가 없었습니다.

"좀 쉬었다 가자꾸나. 절까지는 아직 멀었느냐?"

"예, 마마. 아직 이틀 정도는 더 걸으셔야 당도할 것입니다."

정오가 가까워지면서 태양이 점점 뜨거워지고 있었습니다. 말없이 앉아 있던 선화 공주가 다시 일어섰습니다.

"이제 그만 쉬고 출발하자."

시종과 시녀들이 다시 짐 꾸러미를 들고 따라 일어났습니다. 그런데 그 때 어떤 젊은이가 공주 일행이 있는 쪽으로 다가오더니 머리 숙여 인사를 했습니다.

"혹시 선화 공주님이 아니십니까?"

놀란 선화 공주가 그 젊은이를 쳐다보았습니다. 한 번도 본 적이 없는 낯선 얼굴이었습니다.

"누구신지요? 혹시 화랑이신가요?"

"아닙니다. 하지만 이 길이 무척 험해서 제가 모시려고 하오니 허락해 주시옵소서."

선화 공주는 젊은이를 찬찬히 뜯어보았습니다. 남루한 옷차림이었지만 늠름하고 의젓한데다 믿음까지 가는 젊은이였습니다.

"우리가 가고자 하는 곳까진 앞으로도 이틀 정도가 걸릴 것이오. 그대를 믿고 따르겠으니 길을 앞장서시오."

선화 공주 일행은 젊은이가 이끄는 대로 따라갔습니다. 길을 가는 동안 이야기를 주고받다 보니 젊은이는 아는 것도 많고 심성도 고운 사람이었습니다. 선화 공주는 어느덧 그에게 마음을 빼앗기고 말았

습니다.

"도대체 어디서 온 누구신지요?"

선화 공주가 조심스럽게 물었습니다. 그러자 젊은이가 입가에 미소를 지으며 대답했습니다.

"저는 백제에서 온 서동이라고 하옵니다. 오래 전부터 공주님을 사모해 왔습니다."

"예? 서동이라고요?"

선화 공주는 순간 까무러칠 것 같았습니다. 자신을 궁궐에서 쫓겨나게 한 그 노래에 나오는 사람이 바로 이 사람이라니! 갑자기 두려움이 몰려오기 시작했습니다.

"그럼 당신이 바로?"

"예, 제가 바로 공주님을 궁궐에서 쫓겨나게 하려고 노래를 지어

퍼뜨린 서동이옵니다."

"도대체 왜요? 왜 그런 짓을 한 것입니까?"

선화 공주는 온몸을 부들부들 떨며 소리쳤습니다. 그 모습을 본 서동이 침착하게 말을 이어 갔습니다.

"저는 본래 백제의 왕족이온데 사정이 있어 궁궐에서 살지 못하고 멀리 떨어진 곳에서 어머니와 살고 있는 사람입니다. 선화 공주님의 아름다움은 백제까지 알려져 있는데, 그런 공주님을 아내로 맞고 싶어 백제를 떠나 신라로 오게 되었습니다. 그러나 궁궐에만 계시는 공주님을 만날 길이 없어 그런 노래를 지어 퍼뜨린 것입니다. 공주님이 궁궐에서 쫓겨나시면 만날 수 있을 테니까요. 그 방법밖에는 제가 공주님을 만날 수 있는 길이 없다고 생각했습니다."

선화 공주는 기가 막혔습니다. 그런데 이미 서동에게 마음을 빼앗긴 후라 서동이 원망스럽지 않았습니다.

"공주님, 이 모든 것은 하늘의 뜻일 겁니다. 저와 함께 백제로 가서 제 아내가 되어 주십시오."

선화 공주는 다시 서동을 바라보았습니다. 자신을 연모하여 목숨을 걸고 신라로 들어온 이 남자를 믿어도 될 것 같았습니다. 선화 공주는 고개를 끄덕이며 말했습니다.

"하늘이 정해 주신 인연이라면 어찌 따르지 않을 수가 있겠습니까? 저를 아내로 맞이하기 위해 목숨을 건 당신께 제 앞날을 맡기겠습니다."

그렇게 선화 공주는 서동을 따라 백제로 갔습니다. 그리고 서동이 훗날 백제의 제 30대 왕인 무왕이 되자 그의 왕비가 되었습니다.

나라의 부흥을 꿈꾼 임금

무왕은 온화하고 겸손하며 인품이 훌륭한데다, 학문도 따를 자가 없을 만큼 뛰어났던 사람이었습니다. 어릴 때 이름은 장 또는 무강이라고 불렸습니다.

무왕은 백제의 왕 중에서 가장 오래 왕위에 있었던 인물입니다. 무왕이 왕위에 오를 당시 백제는 신라와 고구려의 위협을 당하고 있는데다, 귀족들이 권력 싸움을 하고 있어 안팎으로 몹시 어려운 형편이었습니다.

법왕이 반대파에 의해 죽임을 당하자 위덕왕의 아들이라는 이유로 왕위에 오를 수 있었던 무왕은, 근초고왕과 근구수왕 때에 누렸던 백제 번성기를 다시 한 번 일으킨 왕이기도 합니다.

비록 궁궐 밖에서 서민으로 자랐지만 뛰어난 능력으로 백제를 이끈 무왕은, 나라 안의 사정이 어느 정도 안정되자 백제의 위상을 되찾기 위해 힘썼습니다. 대외 정복 활동을 활발히 벌였으며, 왕위에 있는 동안 끊임없이 신라를 공격해 대부분 승리했습니다.

그것은 귀족들의 세력을 약하게 하면서도, 그들의 지지를 끌어내어 빼앗긴 영토를 되찾으려 한 무왕의 생각이었습니다. 더불어 수나라와의 외교에도 힘써 고구려를 견제한 것도 강력한 왕권을 드러내 귀족들을 누르기 위한 것이었습니다.

무왕은 외교에도 뛰어난 수완을 가진 왕이었습니다. 고구려가 수나라와 전쟁을 할 때 수나라를 도우는 척하면서도 고구려에 몰래 사신을 보내는 등 중립을 지켰으며, 당나라에는 태종이 왕이 되자 축하 사절을 보내 당의 비위를 맞추는 것도 잊지 않았습니다.

수나라 당나라와 교류를 통해 고구려를 견제할 수 있었던 것도 무왕의 뛰어난 외교 수완 덕분이었습니다. 또한 무왕은 왕권을 과시하기 위해 사비궁을 다시 짓고, 634년에는 왕궁에 가산과 인공 호수를 만들었습니다.

그러나 농사가 바쁠 때에는 공사를 중단하고, 나라에 돈이 많이 들어가는 일을 하고 있을 때에는 자신이 먼저 검소한 생활을 하는 등 모범을 보였기 때문에, 백성들은 아무런 불평 없이 무왕을 잘 따랐습니다.

불교를 숭상한 왕

무왕은 불교에 심취했던 왕이었는데, 그런 이유로 평소에 무왕의 정치에 많은 도움을 준 지명 법사를 극진히 공경했습니다.

어느 날 지명 법사가 있는 사자사로 선화 왕비와 함께 가다가 용화산 아래의 큰 못가에 이르렀습니다. 그런데 못 속에서 갑자기 미륵삼존불상이 떠올랐다가 사라지는 것이었습니다.

그 모습을 본 선화 왕비가 그 곳에 절을 지어 부처님의 가르침을 널리 퍼뜨리고 싶다고 간청했습니다. 왕비의 간청을 들어주고 싶은 무왕이 지명 법사에게 그 일을 의논했습니다.

"연못이라 건물을 지을 수는 없으나 왕께서 진심으로 미륵불이 오셔서 세상의 중생들을 구해 주길 간절히 바라신다면 소승이 추진하겠습니다."

무왕의 말을 들은 지명 법사가 말했습니다.

"그것이 곧 과인의 마음이오. 미륵불이 오셔서 중생들이 구제되고 평화로운 세상이 된다면 얼마나 좋은 일이오?"

왕의 진심을 안 지명 법사는 신통력을 써서 연못을 메웠습니다. 그러자 무왕은 연못이 메워진 평지에 미륵상과 탑과 건물을 세 개씩 세웠습니다. 그 절이 바로 '미륵사'로 삼국에서 가장 큰 절이었습니다.

무왕은 왕위에 있던 수십 년 동안 전쟁터를 누비며 백제를 다시 강한 나라로 만들었습니다. 그리고 말년에 불교에 깊이 빠져 평화롭게 지내다가, 641년 3월 세상을 떠났습니다.

# 역사상 가장 불운했던 의자왕

고구려와 손을 잡은 백제

　641년 무왕이 죽자 태자였던 휘가 왕위에 올랐습니다. 그가 바로 의자왕입니다. 어려서부터 총명하고 용감했으며 효성스럽고 우애가 깊어 '해동증자'라 불렸습니다.

　'해동'이란 바다의 동쪽이란 뜻으로 우리나라를 가리켰으며, '증자'는 효성이 지극했던 공자의 제자 이름입니다. 그러니까 의자왕은 한반도에서 효성이 가장 지극한 사람이라는 말입니다.

왕위에 오른 의자왕은 귀족의 세력을 약화시키고 왕권을 강화한 무왕의 방침을 지켜 나갔습니다. 그리고 대외 관계에서는 고구려와 화친하려는 정책을 폈습니다. 그것은 이전에 고구려와 중국에 대해서 양면 노선을 걷고 있었던 것에 반대되는 정책이었습니다.

그러나 신라에 대해서는 더욱 압력을 가해 642년 몸소 군사를 거느리고 신라의 40여 성을 무너뜨리는 성과를 올렸으며, 다음 해에는 장군 윤충에게 군사 1만 명을 내주어 대야성을 공격하게 했습니다. 결과는 백제의 승리였습니다.

대야성은 지금의 경상남도 합천으로 백제에서 신라로 넘어가는 요새였습니다. 대야성이 백제에 의해 무너지자 신라 선덕왕은 김춘추를 불러 백제와 오래 전부터 적이었던 고구려와 손잡고 백제에 복수를 하라는 명령을 내렸습니다.

선덕왕의 명령을 받은 김춘추는 고구려로 가서 연개소문을 만났습니다. 고구려의 최고 권력자인 대막리지이자 장군인 연개소문은 신라의 청을 단호히 거절했습니다.

"대신 지난날 신라가 차지한 고구려의 남쪽 땅을 돌려주면 신라를 도와주겠소. 어떠시오?"

연개소문의 제의에 김춘추가 따를 의사를 보이지 않자 연개소문은 김춘추를 감옥에 가두었습니다. 김춘추는 이대로 죽을 수는 없다는 판단에 그렇게 하겠다고 한 뒤에야 풀려날 수 있었습니다.

이제 신라가 기대할 수 있는 나라는 당나라였습니다. 신라는 당나라와 동맹을 맺기 위해 선덕여왕이 손수 짠 비단에다 당 태종을 찬양하는 노래를 수놓아 바쳤습니다.

그런 소식을 듣고 있던 의자왕은 이듬해 겨울 고구려에 사신을 보내 신라가 고구려와 연결되는 것을 막은 후, 신라가 당나라로 통하는 통로인 당항성을 치려고 했습니다. 당항성을 백제가 차지할 수 있다면 신라의 국제적 고립은 기정 사실이었기 때문이었습니다.

그러나 신라를 돕기 위해 당나라 군사가 온다는 소식에 백제는 일단 군사를 거두었으나 이듬해에 다시 신라를 공격하여 일곱 개 성을 빼앗았습니다.

의자왕은 고구려와 신라 사이에서 백제가 주도적인 위치를 차지하려면 당나라와의 관계가 중요하다는 생각에 당나라에 사신을 보냈습니다. 그리고 왜에도 사신을 보내 관계를 더욱 돈독히 했습니다. 나라 안팎으로 백제가 안정을 되찾은 시기였습니다.

향락과 사치에 빠진 의자왕

신라와 벌인 전쟁에서 계속 승리하며 수많은 성을 차지하자 의자왕은 점점 나태해져 갔습니다. 나랏일은 제쳐두고 사치와 향락으로 궁궐에서 술판을 벌이며 노는 일이 많아졌습니다.

　보다 못한 충신 성충이 의자왕을 찾아가 간곡하게 아뢰기에 이르렀습니다.
　"폐하, 아직도 백제는 갈 길이 멀고 나라 밖은 여전히 혼란스러운데 이렇게 나랏일은 뒷전에 두시고 한가하게 술잔만 기울이시니 어찌하려고 그러십니까? 부디 예전의 강한 왕으로 돌아오소서."

그러자 곁에 있던 간신 임자가 성충의 말에 발끈하며 의자왕의 비위를 맞추기 위해 말을 이었습니다.

"어째서 그런 무엄한 말을 하시는 거요? 왕께서 조금 나랏일을 제쳐두셨다고 하더라도 신하된 자가 어찌 이러쿵저러쿵 할 수 있단 말이오? 폐하, 성충의 무엄함을 엄히 다스리시옵소서."

이미 중심을 벗어나 방탕한 생활에 젖은 의자왕이 임자의 말에 고개를 끄덕이자, 좌평 흥수가 나섰습니다.

"폐하, 고정하시옵소서. 성충은 폐하를 위해 충성심에서 우러난 말을 한 것이옵니다. 노여움을 푸시고 화를 거두소서."

그러나 술에 취한데다 화가 난 의자왕은 성충과 흥수를 둘 다 감옥에 가두라는 명령을 내렸습니다.

감옥에 갇힌 성충은 그 때부터 아무것도 입에 대지 않았습니다. 밥도 먹지 않았고 물도 마시지 않으며 왕이 잘못된 길을 가고 있는 것을 슬퍼했습니다. 그러다 거의 죽을 지경에 이르자 마지막으로 의자왕에게 유언의 상소를 올렸습니다.

폐하! 그 동안 제가 이웃 나라의 정세를 꾸준히 살펴본 결과, 얼마 못 가 당나라와 고구려의 전쟁이 벌어질 것입니다. 그렇게 되면 신라는 당나라와 힘을 합쳐 백제를 칠 것입니다. 이에 철처하게 대비를 해야 할 것으로 생각됩니다.

■ 나·제 동맹을 깨뜨린 신라가 한강 유역을 차지하자, 백제는 복수를 위해 신라의 국경을 공격했다.

성충이 죽어 가면서 피를 토하는 심정으로 쓴 상소를 보고도 의자왕은 변함이 없었습니다. 여전히 부리는 궁인들과 술에 취해 연회를 베풀고 나랏일에는 신경도 쓰지 않았습니다.

성충이 죽고 나자 성충의 염려대로 백제에는 좋지 않은 일들이 자꾸 일어났습니다. 658년 고구려를 침략한 당나라가 660년에는 소정방이 신라의 군대와 연합하여 백제를 공격했습니다.

의자왕은 그 때서야 성충의 유언을 생각하며 정신이 들었습니다. 그러나 갑자기 뭘 어떻게 해야 할지 막막하기만 했습니다. 의자왕은 신하들을 모아놓고 대책을 의논했습니다.

하지만 임금의 방탕한 생활을 속수무책으로 지켜보기만 했던 신하들도 방법을 모르기는 마찬가지였습니다. 의자왕과 신하들은 한숨을 내쉬며 서로 얼굴만 쳐다보고 앉아 있었습니다.

의자왕은 이미 죽고 없는 성충이 그리웠습니다. 그가 있었다면 명쾌한 답을 줄 텐데 하는 생각이 들사 갑자기 성충과 함께 김옥에 가둔 좌평 흥수가 떠올랐습니다.

'그래, 흥수라면 어떤 계책을 알고 있을지도 모른다.'

의자왕은 일이 급박하니 흥수에게 가서 답을 얻어 오라고 신하를 보냈습니다. 신하는 다녀와 흥수의 말을 전했습니다.

"폐하, 당나라 군사들과 육지에서 맞서 싸운다면 승패를 짐작할 수 없으니, 만약 육지에서 싸우게 된다면 탄현을 넘지 못하게 하고, 수군이 몰려오면 백강을 지켜야 한다고 하옵니다. 그런 뒤에는 폐하께서 성문을 굳게 닫고 지키시어 그들의 군량이 떨어져 군사들이 지칠 때까지 기다렸다가 공격하시면 반드시 이길 수 있을 거라고 했습니다."

그러나 홍수의 의견과 다른 신하들도 많았습니다.

"폐하, 홍수는 귀양살이가 오래 되어 폐하를 원망하는 마음이 클 것이옵니다. 그의 말을 믿어서는 안 됩니다."

"그렇습니다. 그가 무슨 마음으로 말했는지 지금으로선 무조건 믿을 수만은 없습니다."

"당장 당나라 군사들을 끌어들여 공격해야 합니다."

신하들의 말을 듣고 있던 의자왕은 결국 홍수의 말을 듣지 않고 여러 신하의 말을 따르기로 결정했습니다. 결과는 참담한 패배였습니다.

당나라 장군 소정방이 이끄는 13만 대군이 순식간에 백강과 탄현을 지나 사비성까지 밀려오는 것을 막지 못했던 것입니다. 의자왕은 마지막으로 백제 최고의 장군인 계백을 불렀습니다.

"죽음을 각오하고 적을 막아 내도록 하라."

계백은 5천 명의 군사를 이끌고 전쟁터로 향했습니다. 때마침 계백의 집 앞을 지나게 되자 계백은 잠시 행렬을 멈추게 한 뒤 집으로 들어갔습니다.

집에서 계백의 아내와 첩, 그리고 딸들이 비장한 각오로 그를 맞았습니다. 사랑하는 가족들을 둘러보며 계백이 입을 열었습니다. 이제 떠나면 살아서는 보지 못할 수도 있다는 것을 서로 알고 있었습니다.

"신라와 당의 노예가 되기보다는 백제의 절개 있는 여인으로 남길 바란다."

"장군! 우리는 장군과 생사를 같이할 것입니다. 아무 염려 마시고 어서 전쟁터로 가십시오."

계백의 부인이 그 말을 마친 뒤 가지고 있던 단도로 자신의 가슴을 찔러 자결했습니다. 그러자 첩과 딸들도 순서대로 계백이 보는 앞에서 자결하고 말았습니다.

그런 엄청난 광경을 보고서도 계백의 눈빛은 흐트러짐이 없었습니다. 계백은 서둘러 집을 나와 군사들과 함께 전쟁터로 다시 향했습니다.

이 싸움에서 백제는 신라군을 상대로 네 차례나 이겼지만 결국은 열 배나 많은 수의 신라에게 무너지고 말았습니다.

계백이 패했다는 소식을 들은 의자왕은 태자 효를 데리고 웅진성으로 달아났습니다. 그리고 며칠 뒤 백제의 찬란한 문화가 숨쉬는 사비성은 나당 연합군에 함락되었습니다.

사비성이 함락되자 궁궐 안에 있던 궁녀들은 부소산으로 도망쳤습니다. 나라가 망하고 모시던 임금도 떠나고 없는 성에서 그대로 있다가는 죽음을 당하거나 나당 연합군에게 수치를 당할 것은 눈에 보이는 일이었습니다.

부소산으로 도망친 궁녀들은 백강이 내려다보이는 바위 위에 올라갔습니다. 이젠 더 이상 도망칠 곳도 올라갈 곳도 없었습니다.

"나라가 망해 적군에게 몸을 더럽히느니, 이 강물에 몸을 던져 깨끗하게 죽자."

궁녀 중의 한 명이 비장하게 말하자 모두들 눈물을 흘리며 고개를 끄덕였습니다.

"폐하! 부디 만수무강하시옵소서."

궁녀들은 그 말을 남기며 하나 둘 강물로 떨어졌습니다. 그 모습이 마치 수천 송이의 꽃이 떨어지는 것 같았습니다.

한편 웅진성으로 도망쳤던 의자왕은 사비성이 함락되었다는 소식을 듣고 당나라 측에 전령을 보내 자신의 뜻을 전했습니다. 그것은 자신이 항복을 하면 당나라 군대는 백제에서 물러나야 하며, 자신을 죽이는 것은 괜찮지만 백제 백성들은 괴롭히지 말아 달라는 내용이었습니다.

마침내 의자왕은 웅진성에서 붙잡혔습니다. 무열왕은 당나라 장수 소정방과 나란히 앉아 의자왕의 항복을 정식으로 받았습니다.

이로써 서기 660년, 온조가 기원전 18년에 세운 백제는 678년 만에 완전히 역사에서 사라지고 말았습니다. 그리고 당나라로 끌려간 의자왕은 그 곳에서 병을 얻어 세상을 떠났습니다.

# 슬픈 전설을 담고 있는 무영탑

　신라의 경덕왕 때의 일입니다.
　하루는 경덕왕이 김대성을 비롯한 신하들에게 말했습니다.
　"서라벌에서 가장 큰 절인 불국사를 신라뿐만 아니라 천하에서 가장 큰 절로 다시 짓고 싶은데, 공사를 준비해 주시오."
　그러면서 경덕왕은 자신이 머릿속으로 생각한 절의 모습을 설명했습니다. 경덕왕의 설명을 듣고 난 김대성이 말했습니다.
　"폐하, 폐하가 생각하신대로 절을 지으려면 기술이 아주 뛰어난 장인이 필요하옵니다. 그런데 우리 신라에는 그렇게 큰일을 맡길 만한 장인이 없사옵니다."

김대성의 말에 동조를 하며 고개를 끄덕이던 신하들 사이로 한 사람이 나서며 말했습니다.

"신이 듣기로는 백제의 도읍이었던 사비성에 뛰어난 장인이 있다고 합니다. 아사달이라는 사람인데, 솜씨가 발해나 당나라의 어떤 사람보다도 뛰어나다고 들었습니다."

"백제가 망한 지 80년이나 지났다고는 해도 백제의 유민인 그가 신라에 좋지 않은 감정을 가지고 있을 것은 분명한데, 서라벌까지 와서 그 일을 맡아 줄까요?"

다른 신하가 걱정하자 잠자코 듣고 있던 김대성이 나섰습니다.

"그건 그렇지 않을 것이오. 뛰어난 장인은 훌륭한 작품을 만드는 일이라면 그 어떤 걸림돌도 물리칠 것이 분명하오. 황룡사 9층 목탑을 만든 백제의 장인 아비지를 생각해 보시오. 그 때는 백제가 신라와 전쟁을 벌일 때였소. 아사달도 그럴 것이오."

의견이 모아지자 신라 조정에서는 사비성으로 사람을 보냈습니다. 아사달은 경덕왕이 보낸 편지를 받고 혼인한 지 얼마 되지 않은 아내 아사녀에게 물었습니다.

"어찌하면 좋겠소? 공사에만 몰두해야 하므로 가족들은 함께 갈 수 없다고 하오."

아사녀가 대답했습니다.

"무얼 고민하십니까? 서방님의 뛰어난 솜씨를 발휘하실 좋은 기회이니 초청에 응하십시오. 서방님과 떨어져 있게 되는 것은 저로서는 큰 슬픔이지만, 서방님은 장인이십니다. 작품을 만드는 일에 사사로운 정을 끌어들여서야 되겠습니까? 비록 우리 백제를 멸망시킨 신라이긴 하지만 옛날에 아비지도 신라 선덕여왕의 초청을 받고 황룡사 9층 목탑을 만들어 주지 않았습니까?"

아사녀의 지지를 받은 아사달은 서라벌로 떠났습니다. 그리고 큰 환영을 받으며 일을 시작했습니다.

불국사에서 생활하면서 공사의 총감독을 맡은 아사달은 밤낮으로 쉴 새 없이 일했습니다. 그러다 보니 사비성에 있는 아사녀에게 소식 한 장 전할 틈도 없었습니다.

아사녀는 아사달이 떠난 지 여러 달이 지나도록 소식이 없자 궁금하고 걱정되어 견딜 수가 없었습니다.

'안 되겠어. 서방님이 살아 있는지 죽었는지도 모르고, 이대로 있을 수만은 없어. 서라벌로 가서 서방님을 만나 봐야지.'

마침내 아사녀는 아사달을 만나러 서라벌로 떠났습니다. 8백 리나 되는 먼 길이었습니다. 아사녀는 아사달을 만날 생각에 힘들어도 참으며 걷고 또 걸어 결국 서라벌에 도착해 불국사를 찾아갔습니다.

'서방님이 날 보면 얼마나 반가워하실까?'

퉁퉁 부은 다리를 질질 끌면서도 아사녀는 곧 만나게 될 아사달 생각으로 얼굴에 웃음이 피어올랐습니다.

"누구시오?"

불국사 입구에 다다르자 군사들이 아사녀의 앞을 가로막았습니다.

"저는 사비성에서 온 아사녀라고 합니다. 저의 낭군이신 아사달님이 이 곳 공사를 감독하고 계십니다. 몇 달째 소식이 없어 만나러 왔으니 보게 해 주십시오."

"지금은 그 누구도 만날 수 없소. 아사달님은 중요한 공사를 맡고 계시기 때문이오."

군사들은 아사녀를 문 안으로 들여보내 주지 않았습니다.

"저는 사비성에서 8백 리가 넘는 길을 걸어서 여기까지 왔습니다."

"사정은 딱하지만 우린 명령대로 행할 뿐이오."

기진맥진한 아사녀는 그 자리에 쓰러질 것만 같았습니다. 그 때 한 장수가 다가왔습니다. 불국사의 경비를 책임지고 있는 장군이었습니다. 아사녀는 겨우 힘을 내어 그에게 다가가 사정했습니다.

"장군님, 아사달님이 저의 낭군이십니다. 지아비를 만나기 위해 8백 리나 되는 길을 걸어 여기까지 왔으니 잠깐 얼굴이라도 보고 가게 해 주십시오."

그러자 장군이 딱하다는 표정을 짓더니 근처에 있는 연못을 가리키며 대답했습니다.

"부인의 심정을 모르는 게 아니오. 그러나 공사가 끝나기 전에는 누구도 만나지 못하게 하라는 폐하의 명령이라 어쩔 수가 없소. 워낙 큰 공사라 오직 일에만 집중하게 하시려고 그런 명령을 내리신 것이니 참아 주시오. 머지않아 아사달님이 만들고 계신 석가탑의 모습이 이 연못에 비칠 것이오. 연못을 계속 보고 계시다 보면 아사달님의 모습이 비칠지도 모르겠소. 저 탑이 완공되면 모든 공사가 끝나

니 그 때는 아사달님을 만날 수 있을 것이오."

아사녀는 할 수 없이 아사달을 만나는 것을 포기하고 근처 주막에 머물면서 날마다 해가 질 때까지 하루 종일 연못가에 앉아 있었습니다.

그러나 아사달이 모든 정성을 기울여 만들고 있는 석가탑은 참 더디게 만들어지고 있었습니다. 아사녀는 날마다 연못에 비치는 탑의 모습을 바라보았지만 아사달의 모습을 볼 수는 없었습니다.

그러던 어느 날, 높이 올라간 석가탑의 모습이 연못에 비치더니 아사달의 모습이 보였습니다.

"서방님! 서방님! 제가 왔어요."

아사녀는 연못에 비친 아사달을 향해 달려갔습니다. 그리고 웃으며 반겨주는 아사달의 품에 안겼습니다.

"풍덩!"

마침내 공사가 마무리되었습니다. 석가탑과 다보탑, 백운교와 청운교 등 27개의 석조물을 세우는 불국사의 거대한 공사가 끝난 것입니다.

아사달은 실로 오랜만에 홀가분한 마음으로 산책을 했습니다. 이제 곧 사랑스러운 아내 아사달을 만날 수 있다는 생각만으로도 행복하고 기뻤습니다. 산책을 하다가 연못가에 이른 아사달 눈에 신발 한 켤레가 들어왔습니다.

"아니, 이 신발은?"

아사달은 불안한 마음을 애써 누르며 불국사를 지키는 군사에게 달려갔습니다.

"혹시 저 신발의 임자를 아시오?"

"예, 아사달님의 부인이 오랫동안 연못에 비칠 아사달님을 기다리다가 실수로 그만 빠졌습니다. 폐하의 명이라 만나게 해 드릴 수가 없었습니다."

아사달은 온몸의 기운이 빠졌습니다. 그리고 울면서 아사녀의 신발을 끌어안고 연못가로 걸어갔습니다.

'나도 따라 가리다. 부인, 기다리시오!'

아사달은 연못을 향해 소리쳤습니다. 그리고 연못으로 뛰어들었습니다. 잠시 후 잔잔해진 연못엔 아사달이 만든 아름다운 돌탑인 석가탑의 모습이 비쳤습니다.

아사달과 아사녀의 슬프고 애절한 사랑 이야기를 들은 사람들은 끝내 아사달의 그림자가 비치지 않은 석가탑을 '무영탑'이라고 불렀습니다.

부록

백제 왕조 계보

백제 왕조 계보

대	연대	왕명	약사
1대	(BC18~AD28)	온조왕	고구려 동명왕의 셋째 아들. 위례성에 나라를 정하고 나라 이름을 백제라고 함. BC 5년에 서울을 한산으로 옮김. AD 8년 마한을 병합함.
2대	(28~77)	다루왕	온조왕의 아들. 말갈족을 격퇴하고, 농사를 장려하여 백성들의 생활을 안정시켰음. 37년 후한의 낙랑군을 멸망시킴.
3대	(77~128)	기루왕	다루왕의 맏아들. 《삼국사기》의 기루왕 치세에 대한 내용에는 천문이변, 지진, 큰 가뭄, 태풍, 기상이변 등에 대한 간략한 기록이 대부분이다.
4대	(128~166)	개루왕	기루왕의 아들. 132년에 북한산성을 쌓음.
5대	(166~214)	초고왕	개루왕의 맏아들로 소고왕이라고도 불렸다. 신라를 여러 번 침공하고, 210년에 적현성, 사도성을 축조함.
6대	(214~234)	구수왕	초고왕의 맏아들.
7대	(234)	사반왕	구수왕의 아들. 나이가 어려 바로 폐위됨.
8대	(234~286)	고이왕	초고왕의 동생. 관제를 제정하고 중앙집권 체제를 강화하여 국가의 기초를 확립함.
9대	(286~298)	책계왕	고이왕의 아들.
10대	(298~304)	분서왕	책계왕의 아들. 낙랑군의 서현을 점령하여 영토를 확장하였으나 낙랑군의 자객에게 살해당함.

대	연대	왕명	약사
11대	(304~344)	비류왕	구수왕의 둘째 아들. 민간의 형편을 잘 알아 선정을 베풂.
12대	(344~346)	설왕	분서왕의 맏아들.
13대	(346~375)	근초고왕	비류왕의 아들. 369년에 마한과 대방을 병합함. 고구려 평양성을 점령하고 고국원왕을 전사시킴. 아직기, 왕인을 일본에 보내어 한문을 전파하고 박사 고흥에게 백제의 국사 '서기'를 쓰게 함.
14대	(375~384)	근수구왕	근초고왕의 맏아들. 일본과 국교를 맺어 문물을 보급시키는 데 공이 많음.
15대	(384~385)	침류왕	근구수왕의 아들. 불법을 시행하고 한산에 절을 창건함.
16대	(385~392)	진사왕	침류왕의 동생. 광개토대왕에게 한강 이북을 빼앗기자 이를 찾기 위해 출정하다가 병사함.
17대	(392~405)	아신왕	침류왕의 아들. 고구려와의 전쟁에서 모두 패함. 일본과 화친하여 태자를 볼모로 보냄.
18대	(405~420)	전지왕	아신왕의 아들.
19대	(420~427)	구이신왕	전지왕의 맏아들.
20대	(427~455)	비유왕	구이신왕의 아들. 송나라와 왕래하고 신라와 화친함.
21대	(455~475)	개로왕	비유왕의 맏아들. 고구려 장수왕의 습격을 받아 피살됨.

대	연대	왕명	약사
22대	(475~477)	문주왕	개로왕의 아들. 서울을 웅진(공주)으로 옮기고 국방에 힘씀.
23대	(477~479)	삼근왕	문주왕의 맏아들.
24대	(479~501)	동성왕	삼근왕의 동생. 신라와 혼인 동맹을 맺고 신라와 연합하여 고구려와 싸움.
25대	(501~523)	무령왕	동성왕의 둘째 아들. 민생을 안정시키고 국력을 신장하여 국제적 지위를 강화함.
26대	(523~554)	성왕	무령왕의 아들. 도읍지를 웅진(공주)에서 사비(부여)로 옮기고 국호를 남부여라고 함.
27대	(554~598)	위덕왕	성왕의 아들. 고구려의 침공을 막고 중국과 외교 관계를 수립함.
28대	(598~599)	혜왕	위덕왕의 아들.
29대	(599~600)	법왕	혜공왕의 아들. 불교를 숭상하고 살생을 금함.
30대	(600~641)	무왕	수나라, 당나라와 화친하고 일본에 서적과 불교를 전파함.
31대	(641~660)	의자왕	무왕의 맏아들. 백제의 마지막 임금. 642년에 신라를 공격하여 많은 영토를 얻었으나 사치와 방탕으로 나당연합군에게 패하여 당나라에 압송되어 병사함.